TELEPSIQUISMO

TELE-PSIQUISMO

UTILIZE SEU PODER EXTRASSENSORIAL PARA ATRAIR PROSPERIDADE

DR. JOSEPH MURPHY

Tradução
Ronaldo Sérgio de Biasi

1ª edição

Rio de Janeiro | 2024

TÍTULO ORIGINAL
Telepsychics: Tapping Your Hidden Subconscious Mind

TRADUÇÃO
Ronaldo Sérgio de Biasi

DESIGN DE CAPA
Renan Araujo

CIP-BRASIL. CATALOGAÇÃO NA PUBLICAÇÃO
SINDICATO NACIONAL DOS EDITORES DE LIVROS, RJ

M96t Murphy, Joseph, 1898-1981.
  Telepsiquismo : utilize seu poder extrassensorial para atrair prosperidade / Joseph Murphy ; tradução Ronaldo Sérgio de Biasi. - 1. ed. - Rio de Janeiro : BestSeller, 2024.

  Tradução de: Telepsychics : tapping your hidden subconscious mind
  ISBN 978-65-5712-414-7

  1. Controle da mente. 2. Sucesso. I. Biasi, Ronaldo Sérgio de. II. Título.

24-88830
CDD: 158.1
CDU: 159.947

Meri Gleice Rodrigues de Souza - Bibliotecária - CRB-7/6439

Texto revisado segundo o novo Acordo Ortográfico da Língua Portuguesa.

Copyright © 1973 by Joseph Murphy.
Copyright da tradução © 2024 by Editora Best Seller Ltda.

Todos os direitos reservados. Proibida a reprodução,
no todo ou em parte, sem autorização prévia por escrito da editora,
sejam quais forem os meios empregados.

Direitos exclusivos de publicação em língua portuguesa para o Brasil
adquiridos pela
EDITORA BEST SELLER LTDA.
Rua Argentina, 171, parte, São Cristóvão
Rio de Janeiro, RJ – 20921-380
que se reserva a propriedade literária desta tradução.

Impresso no Brasil

ISBN 978-65-5712-414-7

Seja um leitor preferencial Record.
Cadastre-se no site www.record.com.br e receba informações
sobre nossos lançamentos e nossas promoções.

Atendimento e venda direta ao leitor:
sac@record.com.br

Sumário

O que este livro pode fazer por você   7

O telepsiquismo pode ser a força mágica para uma vida
perfeita   11

Como o telepsiquismo revela os grandes segredos da magia   24

Como deixar o telepsiquismo fazer maravilhas por você   36

Como o telepsiquismo ajuda você a prever os acontecimentos
e a reconhecer a voz da intuição   47

Como o telepsiquismo revela respostas em sonhos e visões   59

Técnica de telepsiquismo e processos de prece — o que
podem fazer por você   71

Como usar o telepsiquismo na oração que nunca falha   91

Como utilizar a força mágica do telepsiquismo   105

Como usar o telepsiquismo como resposta quadridimensional
à oração   115

Como o telepsiquismo liberta os poderes superiores de
nossa mente   127

Como o telepsiquismo ajuda a desenvolver a magia da fé   137

Como o telepsiquismo nos ajuda a tomar decisões corretas   147

O telepsiquismo e as maravilhas de nosso subconsciente	157
O poder do telepsiquismo que traz a você as coisas boas da vida	168
Como deixar o telepsiquismo transformar sua vida	176
Como o telepsiquismo pode dar o poder de uma nova autoimagem	184
Como o telepsiquismo pode extrair novos poderes de seu subconsciente	194
O telepsiquismo e nossa ligação com o conhecimento infinito	207
Como o telepsiquismo põe em funcionamento as leis da mente	220
Como o telepsiquismo pode aguçar os poderes de nossa mente	232
Uma palavra final...	250

O que este livro pode fazer por você

TODOS NÓS POSSUÍMOS o poder do telepsiquismo: a comunicação constante com os poderes variados e maravilhosos de nossa mente. Em todos os lugares onde estive — na Europa, na Ásia, na África, na Austrália e em muitas cidades de meu país —, ouvi histórias a respeito de pessoas que utilizaram esses poderes espantosos para modificar totalmente a própria vida.

Este livro, extremamente prático e objetivo, foi escrito para aqueles que gostariam de utilizar os poderes da mente para satisfazer seus desejos e necessidades. Para isso, basta aplicar as leis do subconsciente da maneira correta. Em cada capítulo você encontrará instruções simples e bem detalhadas que lhe permitirão levar uma vida mais feliz e completa.

Telepsiquismo o ensinará a enfrentar e superar os desafios, dificuldades, obstáculos e outros problemas do dia a dia, adotando técnicas especiais que você vai conhecer e que poderão ser colocadas imediatamente em prática.

O que você vai aprender

Ao aprender a visualizar acontecimentos futuros, mesmo que as perspectivas sejam negativas, você não só será capaz de alterar esses acontecimentos por meio de seus poderes metapsíquicos, como

Telepsiquismo

também poderá desenvolver seus poderes psíquicos, de modo a levar uma vida mais independente e tranquila. Também aprenderá a identificar as sugestões negativas que possam afetar sua vida.

Quando escrevi este livro, estava pensando no vendedor, na estenógrafa, no carteiro, na dona de casa, no empreendedor, no caixeiro, no estudante, no engenheiro, enfim, em todos aqueles que desejam realizar seus sonhos, aspirações e ambições. Assim, cada capítulo está repleto de instruções simples e práticas para a utilização dos poderes ocultos da mente, já que existe uma inteligência infinita no subconsciente de todos nós que conhece exatamente a resposta correta.

Alguns exemplos

Eis alguns relatos deste livro que demonstram a utilização bem--sucedida dos poderes telepsíquicos:

Um estudante universitário que ia mal nos estudos percebeu subitamente que o Infinito não pode falhar; voltando-se para o Infinito, conseguiu tornar-se um aluno brilhante.

Uma jovem enfermeira sonhou que o avião em que pretendia viajar havia sido sequestrado. Desistiu da viagem, e o sequestro realmente aconteceu.

Um gerente de vendas concentrou a atenção em uma parede vazia e projetou nela uma imagem mental do volume de vendas que gostaria de conseguir ao longo de um ano. Os resultados foram maravilhosos.

Uma mulher superou o medo que sentia de quatro pessoas, que, assim ela acreditava, estavam desejando o seu mal. Voltou-se para o Poder Único e hoje está em paz.

Outra mulher, no Havaí, aprendeu a não temer mais as ameaças de seu pai que fazia magia contra ela.

O que este livro pode fazer por você

Uma estudante universitária que desejava casar-se viu em sonho que o futuro marido apareceria com um livro embaixo do braço. Encontrou-o dois meses depois e casou-se com ele.

O telepsiquismo ajudou um detetive a descobrir grande quantidade de cocaína e heroína. O esconderijo lhe foi revelado em um sonho. O valor dos narcóticos somava 3 milhões de dólares.

Uma mulher usou o telepsiquismo para salvar a vida do marido. Um homem disparou três tiros contra ele, mas não acertou nenhum, graças à força de pensamento dela.

O telepsiquismo salvou a vida de um homem. Ele sonhou que estava lendo num jornal a notícia de um desastre de avião em que morriam 92 pessoas. Desistiu de viajar, e o desastre realmente ocorreu.

O telepsiquismo salvou a vida de uma senhora e seu filho que estavam sendo asfixiados por um vazamento de gás. O falecido marido apareceu e disse à mulher que desligasse o gás.

O telepsiquismo é frequentemente usado por um homem de negócios que costuma investir até 1 milhão de dólares em ações. Seus investimentos são sempre lucrativos.

Uma explicação simples do telepsiquismo salvou a vida de uma provável suicida.

O telepsiquismo salvou a vida de um homem em um avião em chamas.

Um jovem empresário usou o telepsiquismo para ganhar uma pequena fortuna em ações de minas de ouro. Um homem apareceu durante um sonho e lhe disse exatamente quais as que deveria comprar. Seguiu as instruções e teve um lucro considerável.

O telepsiquismo revelou o paradeiro de uma herança desaparecida a uma jovem secretária cujo pai havia falecido sem deixar documentos.

Telepsiquismo

O telepsiquismo revelou a verdadeira vocação de uma professora frustrada, ajudando-a a encontrar um novo significado na vida.

O telepsiquismo revelou a uma jovem cujo pai havia morrido o esconderijo das economias da família. O pai apareceu em sonho e contou onde estava uma caixa de aço com 13 mil dólares.

O telepsiquismo ajudou um rapaz a se tornar piloto comercial. Havia 2.500 candidatos para dez vagas; 90% dos candidatos tinham mais experiência do que o rapaz. Ele se imaginou trabalhando como piloto e conseguiu o lugar.

O telepsiquismo revelou a um homem os números que seriam sorteados na loteria. No dia seguinte, ele ganhou 50 mil dólares.

O telepsiquismo revelou a uma jovem o esconderijo de uma velha jarra de barro. O pai da moça cavou no quintal e encontrou o objeto cheio de moedas valiosas.

O telepsiquismo é um método simples, prático, lógico e científico para realizar seus mais profundos desejos. Se você seguir as instruções aqui contidas, terá uma vida cheia de alegrias, riquezas e satisfações. Deixe-se, então, guiar por este livro, aplique os ensinamentos no seu dia a dia e as maravilhas começarão a acontecer.

Dr. Joseph Murphy

O telepsiquismo pode ser a força mágica para uma vida perfeita

A MAGIA PODE ser definida como a arte de produzir um efeito ou resultado desejado, por meio do uso de várias técnicas. Daí, podemos falar da magia da música, da magia da primavera e da magia da beleza. No entanto, a magia também pode ser considerada a arte de produzir ilusões, como fazem os mágicos profissionais, com suas habilidades manuais — quando, por exemplo, tiram um coelho da cartola.

O poder invisível dentro de nós

Para a maioria das pessoas, magia é a produção de efeitos por causas desconhecidas; entretanto, trata-se de um conceito relativo. É claro que quando conhecemos os processos os resultados deixam de ser considerados mágicos. Em muitos locais remotos do mundo moderno, o avião, o rádio e a televisão ainda podem ser encarados como objetos mágicos por povos primitivos. Da mesma forma, esses aparelhos teriam sido considerados mágicos nos Estados Unidos há 150 ou 200 anos. Sabemos de que forma os astronautas vão à Lua e, portanto, não consideramos essa proeza um ato de magia. Todas as forças, porém, são desconhecidas; por sua pró-

Telepsiquismo

pria natureza, todas as coisas provêm do espírito. Não o vemos, mas podemos sentir o espírito da **alegria**, o **espírito do jogador**, o espírito do músico, o **espírito do orador** e o espírito da bondade, verdade e beleza em nossa mente e coração.

Nenhum teólogo jamais viu o Espírito (Deus), mas qualquer um de nós pode usar sua Presença e seu Poder em qualquer fase da vida. Não sabemos o que é a eletricidade, por exemplo, e conhecemos apenas algumas das coisas de que ela é capaz de fazer. A força que está por trás dela ainda é desconhecida. Na verdade, constantemente praticamos a magia. Queremos levantar o dedo, e imediatamente o poder invisível age de acordo com a intenção de nossa mente; no entanto, não sabemos exatamente qual é a força que o levanta.

Como disse Sócrates, quando levantamos um dedo estamos afetando até a estrela mais distante. Como você pode perceber, estamos bastante familiarizados com o poder mágico que existe em nós, embora esse poder não receba comumente esse nome.

Usando o poder mágico

Você pode usar o poder mágico que existe em si mesmo para transformar completamente sua vida. Em todos os lugares onde estive, na Europa, na Ásia, na África, na Austrália e em muitas cidades do Estados Unidos, ouvi histórias a respeito de pessoas que utilizaram com sucesso esse poder maravilhoso. Muitos até me contaram que os amigos e conhecidos comentaram: "O que aconteceu com você? Parece outra pessoa." Se seguir as instruções deste livro, descobrirá que esse poder interior pode resolver todos os seus problemas, fazê-lo prosperar, revelar talentos ocultos e protegê-lo de doenças, fracassos e de todo o tipo de limitações,

O telepsiquismo pode ser a força mágica para uma vida perfeita

além de poder guiá-lo e abrir novas formas de expressão. Você receberá inspiração, orientação e novas ideias criadoras que lhe trarão harmonia, felicidade e tranquilidade.

Como um estudante usou o poder mágico para passar nas provas

Há alguns meses, conversei com um estudante universitário que estava tirando notas muito baixas. Encontrava-se muito desanimado porque estava quase sendo reprovado. O rapaz havia consultado o *Segredos do I Ching*, obtendo a seguinte resposta: "Vá ver o Grande Homem." Ele interpretou essa resposta como uma recomendação para que procurasse um conselheiro espiritual, embora houvesse também um significado mais profundo.

— Por que quer tirar notas baixas? Seu subconsciente tem uma Inteligência Infinita e você pode perfeitamente usá-la — disse eu ao rapaz.

— Está bem — retrucou. — Meus pais vivem me criticando, dizendo que minha irmã é uma aluna muito melhor do que eu e passa facilmente em todas as provas.

Expliquei ao jovem que ele devia parar imediatamente de se comparar à irmã e que todas as comparações são odiosas, já que não existem duas pessoas iguais e nascemos com diferentes qualidades.

— Comparando-se com os outros, você os coloca em um pedestal e desvaloriza a si mesmo. Além disso, está dando excessiva atenção às atividades e sucessos de sua irmã e se descuidando de seus estudos, deixando de aproveitar a própria capacidade. Se você persistir, perderá cada vez mais a iniciativa e o incentivo e passará a sentir cada vez maior tensão e ansiedade. A única competição existente está em sua própria mente, entre a ideia

Telepsiquismo

do fracasso e a do sucesso. Você nasceu para vencer, triunfar e superar os problemas. O Poder Infinito não pode falhar, e você o possui.

Recomendei-lhe que repetisse mentalmente toda noite, antes de deitar, o seguinte pensamento:

"Desejo sinceramente que minha irmã e todos os outros estudantes sejam bem-sucedidos em seus estudos. A Inteligência Infinita me orienta em meus estudos e me revela tudo que preciso saber. Sei que meu subconsciente tem uma memória perfeita e me revela as respostas em todas as provas. Sou capaz de passar em todas as provas. Durmo em paz toda noite e acordo alegremente."

Depois de seguir minhas recomendações durante algum tempo, ele voltou à minha presença e me disse:

— Não estou competindo com ninguém. Vou muito bem. Agora sei do que sou capaz.

Como disse Ralph Waldo Emerson: "Existe uma orientação para cada um de nós, e se escutarmos com atenção ouviremos a palavra certa."

Como uma enfermeira praticou o telepsiquismo

Tele quer dizer comunicação* e *psyche* significa a alma ou espírito que existe em todos nós. Quando rezamos, estamos nos comunicando com nossa *Psique,* ou *Eu Superior,* e ela responde de acordo com nossa fé.

Uma jovem enfermeira recentemente planejou fazer uma viagem de avião, mas na véspera do voo teve um sonho no qual

---

* Tradução literal do original. Na verdade, *tele* significa "à distância de", como em telecomunicação. [*N. do T.*]

O telepsiquismo pode ser a força mágica para uma vida perfeita

seu avião estava sendo sequestrado. Uma voz interior lhe disse: "Desista da viagem." Ela acordou surpresa, mas obedeceu à voz e cancelou o voo. Coincidentemente, o avião que ela havia escolhido foi realmente sequestrado.

O que aconteceu foi que o subconsciente da moça a fez presenciar o sequestro antes mesmo que acontecesse, com o objetivo de alertá-la. O plano para sequestrar o avião já estava no subconsciente universal; assim, quando a moça se dirigiu ao Poder Interior à procura de orientação, recebeu a resposta sob a forma de um sonho.

Toda noite, antes de dormir, ela costumava pronunciar a seguinte oração: "O Amor Divino está sempre à minha frente, tornando meu caminho alegre, feliz e glorioso. O círculo sagrado do amor eterno de Deus me envolve e sou sempre guardada por Deus. Tenho uma vida maravilhosa."

Essa oração é um verdadeiro telepsiquismo ou uma comunicação com a Inteligência Infinita do subconsciente, que tudo sabe e tudo vê. A ação e a reação são fenômenos cósmicos e universais. Quando rezamos, estamos dialogando com nosso Eu Superior, que alguns chamam de Deus. Outros usam termos ou expressões como o Verdadeiro Eu, Espírito Vivo, Inteligência Infinita, Brama, Alá etc. Existem muitos nomes para o Poder Interior, mas, na verdade, para Ele não existe tempo, espaço, idade ou nome. A Bíblia o chama de "EU SOU", que significa Ser, Vida, Consciência, Espírito Autocriador.

O que você precisa lembrar é que seu pensamento é o que faz o Poder Infinito responder; você está lidando com um fenômeno de ação e reação: quem planta sempre colhe, e quem pergunta recebe uma resposta.

Telepsiquismo

Como um gerente de vendas descobriu o poder das imagens mentais

Thoreau afirmou há muitos anos que nos tornamos o que imaginamos. A imagem mental que você tem de si mesmo tende a se tornar uma realidade.

Um gerente de vendas que costuma assistir às minhas conferências no Wilshire Ebell Theatre todo domingo de manhã explicou-me o método que adota para tirar proveito da força da imaginação, sempre com excelentes resultados. Ei-lo:

Em primeiro lugar, procura repousar a mente, repetindo várias vezes para si mesmo o salmo 23. Em seguida, olha fixamente para uma parede branca em seu escritório. Enquanto isso, projeta uma imagem mental do volume anual de vendas que gostaria de conseguir. Examina atentamente o número, focalizando toda a atenção em cada um dos algarismos. Então, repete para si mesmo que os algarismos estão penetrando em seu subconsciente. Finalmente, ouve o presidente da companhia parabenizá-lo pelos excelentes resultados obtidos. Ele sabe quando os algarismos penetram no subconsciente, porque essa impressão é sempre seguida por um sentimento de profunda paz.

O gerente utiliza, dessa forma, o verdadeiro telepsiquismo: a imagem mental se comunica com sua psique (subconsciente) e é revelada na câmara escura de sua mente, vindo à luz como a alegria da prece atendida.

Esse gerente me contou que nos últimos quatro anos o volume de vendas foi maior do que o da imagem mental. E isso é lógico, pois o subconsciente sempre amplifica as impressões que recebe.

Forneça a imagem mental adequada a seu subconsciente

Cada imagem que criamos em nossa mente, em particular quando estamos emocionados, é transformada em realidade, seja externa ou internamente. Se você impede que essa imagem se manifeste externamente, será inevitável que se realize internamente sob a forma de uma perturbação mental, emocional ou física. Tome cuidado para não criá-la de modo a interferir negativamente no que você deseja que seja concretizado.

Conheci um alcoólico que foi preso por assassinato. Disse-me que estava decidido a nunca mais beber um gole de álcool quando fosse libertado. No entanto, recomeçou a beber no mesmo dia em que foi solto. Por quê? Simplesmente porque, enquanto permanecia na cadeia, estava criando a imagem mental de um copo de bebida. Assim, quando se viu em liberdade, simplesmente exteriorizou o ato que não havia deixado de imaginar. Se não tivesse concretizado tal imagem, ainda assim teria sido prejudicado de outra forma, provavelmente com uma perturbação física ou emocional.

Assim, cada imagem que criamos em nossa mente tem que ser concretizada ou se manifestará como uma perturbação mental, física ou emocional.

Como um escritor descobriu o poder mágico

Um escritor amigo meu me contou que teve um desentendimento com o produtor de uma peça baseada em um de seus romances. Ele havia lido *O milagre da dinâmica da mente* e costumava aplicar muitas das técnicas de oração ali ensinadas. Quando foi para casa, isolou-se no escritório, repousou a mente e pensou no Poder Infinito; então, começou uma conversa imaginária com o produtor, como se o futuro fosse o presente. Imaginou o produtor à sua frente, pedindo que houvesse harmonia, paz e perfeito entendimento entre os dois. Em sua imaginação vívida, conversou com o produtor, dizendo que tudo o que queria era agir da maneira mais correta. E imaginou o produtor respondendo: "Estamos de pleno acordo."

Nesse estado de calma e tranquilidade, ele visualizou um final feliz, sentindo o imaginário aperto de mão do produtor e a solução harmoniosa para o problema. Vários dias se passaram, e o escritor encontrou o produtor em um clube que os dois costumavam frequentar. Antes que pudesse falar qualquer coisa, o produtor se aproximou e disse: "Tornei a ler seu roteiro e admito que você estava certo."

O que o escritor havia afirmado ser verdade subjetivamente veio a acontecer de modo objetivo. Experimente. Sempre dá certo! Não existe um único ser humano que não seja capaz de superar o medo, o ódio, a hostilidade e resolver seus conflitos, aguçar a mente e viver uma vida maravilhosa. Para isso, basta mudarmos nossas atitudes, como bem disse o famoso psicólogo americano William James: "Os seres humanos podem alterar suas vidas modificando suas atitudes mentais."

O telepsiquismo é para todos, homens e mulheres

A inspiração, ou contato com o Poder Infinito, pode chegar até nós tão facilmente como o ar que respiramos, automaticamente e sem esforço; da mesma forma, podemos deixar a Inteligência Divina ou Essência Criadora de Deus entrar em nossa mente ou intelecto sem nenhuma tensão.

Muitas pessoas têm ideias errôneas a respeito da inspiração; acreditam nela como uma experiência extraordinária dos místicos

O telepsiquismo pode ser a força mágica para uma vida perfeita

ou de algumas pessoas altamente espiritualizadas. Não é verdade. Embora seja verdade que as pessoas que levam uma vida espiritual podem ser inspiradas frequentemente ou receber sentimentos ou ideias espontâneas, também é verdade que os executivos podem receber inspirações ao se voltarem para o Poder Infinito. A Inspiração, ou Orientação Divina, pode ser útil em qualquer problema. Em outras palavras, para obter a informação que você deseja, satisfazer uma necessidade ou ter sucesso nos negócios basta pedir a Deus ou ao Poder Infinito uma orientação.

Digamos que você é um escritor e autor de vários livros. Mas quando se senta à máquina de escrever não consegue começar, nada acontece, nenhuma ideia para uma nova história. Você pode beber várias xícaras de café que de nada adiantará. Em vez disso, deve acalmar sua mente e afirmar com convicção que será inspirado pelo Poder Infinito e que as ideias de Deus se desenrolarão diante de você. Então, receberá conhecimentos, orientação e energia criadora. As ideias fluirão livremente, sem dificuldades.

Como um engenheiro recebeu informações específicas

Uma vez um engenheiro me contou que precisava de informações específicas para uma prova, sabia que o professor havia fornecido essas informações, mas não se lembrava mais delas. Então, pediu ao subconsciente para fornecer as respostas e começou a trabalhar em outras questões do teste. Nesse ínterim, as respostas surgiram sem nenhum esforço, pois estavam em seu subconsciente o tempo todo. Quando deixou a mente relaxada, a sabedoria do seu subconsciente passou livremente para o consciente e, então, passou na prova com facilidade. Lembre-se: *a mente tranquila recebe a resposta.*

Telepsiquismo

O homem que inventou a caixa registradora

Há alguns anos li numa revista um artigo a respeito do homem que inventou a caixa registradora. A reportagem explicava que, embora o homem não tivesse muita "cultura", era muito inteligente e dotado de grande imaginação.

Uma vez, quando estava viajando de navio, pediu ao oficial para lhe explicar como funcionava o instrumento que media a velocidade da embarcação. O oficial explicou... e, de repente, o homem teve a ideia de como fazer uma caixa registradora!

O homem conhecia de perto um sério problema: muitas pessoas são acusadas de roubo injustamente, enquanto outras roubam e nunca são apanhadas; além disso, sempre que é preciso dar um troco, é muito fácil cometer um engano. Ele imediatamente relacionou o funcionamento do registrador de velocidade do navio a esses problemas, e, por meio dessa inspiração, inventou a caixa registradora.

Trata-se de um exemplo de inspiração ou de telepsiquismo. Peça a seu subconsciente para lhe fornecer ideias originais, e provavelmente você inventará algo que lhe renderá milhões.

Como praticar o telepsiquismo diariamente

Para entrar em comunicação com seu Eu Superior e receber respostas, basta você se acalmar e estar consciente de que, quando chamá-lo, haverá uma resposta proporcional à natureza do chamado. Lembre-se do fio que vai da companhia de energia elétrica até sua casa. O fio principal pertence à companhia, a fiação de sua casa pertence a você, e o interruptor está ali, possibilitando-lhe acender a luz no momento de seu interesse. Do mesmo modo, sua mente consciente é capaz, a qualquer momento, de entrar em contato com a reserva infinita de sabedoria que existe no seu interior. Você não rezaria a menos que acreditasse que existem uma sabedoria e uma inteligência em seu subconsciente que tudo sabem e tudo veem, e que estão prontas para responder ao seu chamado.

A Bíblia diz:

E será que antes que clamem eu responderei; estando eles ainda falando, eu os ouvirei. (ISAÍAS, 65:24)

Não se esqueça...

1. Telepsiquismo significa comunicação com sua psique ou alma, isto é, com seu subconsciente, que tudo sabe e tudo pode. Quando você reza com fé, seu subconsciente sempre responde.

2. Magia é um termo relativo. Para a maioria das pessoas, é a produção de efeitos por forças desconhecidas. Todas as forças são, em sua essência, desconhecidas. Os cientistas não sabem o que é a energia. Quando uma mulher perguntou a Thomas Edison o que é a eletricidade, ele respondeu: "Madame, a eletricidade existe. Use-a." Há uma sabedoria, um poder e uma inteligência invisível no seu subconsciente que tudo sabem e tudo podem. Você pode entrar em contato com esse Poder através do consciente. Esse poder primordial não tem nome nem idade; para ele o tempo e o espaço não existem.

3. Você pode usar o Poder Interior para resolver seus problemas, para levar uma vida próspera, para descobrir talentos ocultos e para conseguir felicidade, paz e tranquilidade.

Telepsiquismo

4. Pare de se comparar com os outros. Com essa atitude, você coloca os outros em um pedestal e deprecia a si mesmo. Você é único, diferente de todos os outros seres humanos. Preste atenção a seus poderes interiores e se destacará em qualquer atividade. Se quiser passar em uma prova, não se compare aos outros estudantes; essa atitude provoca tensão e ansiedade. Acalme-se, descanse, e toda manhã e toda noite afirme com convicção: "A Inteligência Infinita de meu subconsciente me orienta em meus estudos e vou passar em todas as provas."

5. Sempre que você reza, está na realidade entrando em contato com seu Eu Superior, que alguns chamam de Deus ou Inteligência Suprema. Você obtém uma resposta de acordo com sua fé. Às vezes, a resposta vem sob a forma de um sonho, que o previne para não fazer uma certa viagem. Uma jovem que rezava regularmente pedindo orientação sonhou, com 24 horas de antecedência, que o avião em que pretendia viajar seria sequestrado. Em consequência, desistiu da viagem. A explicação é simples. O plano do sequestro já estava no subconsciente coletivo, e o subconsciente da moça, que faz parte do coletivo, lhe revelou o plano.

6. As imagens que você forma em sua mente tendem a se manifestar na vida real. Um gerente de vendas concentra a atenção em um certo número representando o volume de vendas que deseja alcançar; e, pela repetição e concentração, essa imagem acaba por atingir o subconsciente. Nos últimos quatro anos, o subconsciente desse homem tem recebido e amplificado o resultado desejado. O subconsciente sempre amplifica as impressões que recebe.

7. Um ex-alcoólatra que se imagina bebendo acabará voltando ao vício. Toda imagem mental acaba se transformando em realidade. Visualize apenas coisas agradáveis e desejáveis.

8. Se você tiver um desentendimento com alguém, tenha uma conversa imaginária com essa pessoa baseada na Regra de Ouro e na Lei do Amor, acreditando que há harmonia, paz e compreensão entre os dois. Imagine e represente mentalmente o final feliz, com um amistoso aperto de mãos. O que você imagina e acredita ser verdade sempre acaba por acontecer.

A Bíblia diz:

Eu vo-lo disse agora antes que aconteça, para que, quando acontecer, vós acrediteis. (JOÃO, 14:29)

Como o telepsiquismo revela os grandes segredos da magia

ATUALMENTE, MUITAS PESSOAS têm medo de poderes ocultos. Parece existir um temor generalizado de alguma forma de que os outros possam usá-los para nos ferir ou perturbar nossa felicidade.

O maior segredo do indivíduo

Você terá uma vida repleta de felicidade quando reconhecer a maior de todas as verdades, aquela que está expressa no Deuteronômio, capítulo 6, versículo 4: "Ouve, Israel, o Senhor nosso Deus é o único Senhor", o que significa Ouve (compreende), Israel (homem esclarecido), o Senhor (o Supremo Poder) nosso Deus (nosso Guia, o Poder Infinito) é o único Senhor (um Poder, não dois, três, dez ou mil; apenas um).

A origem supersticiosa da magia

Quando éramos muito jovens e muito impressionáveis, nossos pais por simples ignorância ensinaram-nos que existem um Deus punitivo e um demônio que vive nos tentando; também nos preveniram de que, se nos comportássemos muito mal, poderíamos ir para o inferno e sofrer eternamente. As crianças e as mentes infantis pensam apenas em termos de imagens mentais; assim, são levadas imediatamente a projetar imagens de um Deus e de um demônio. As crianças imaginam Deus no céu, sentado em um trono de ouro e cercado por anjos, e o diabo nas chamas do inferno, sem perceberem que, na verdade, todos nós criamos nosso próprio céu e nosso próprio inferno pela maneira como pensamos, sentimos e acreditamos.

Os homens primitivos atribuíam os prazeres aos deuses, e toda dor, sofrimento e miséria aos espíritos maus ou demônios. Eles sabiam que estavam sujeitos a estranhas forças que eram incapazes de controlar. Ocorriam terremotos e inundações, e o sacerdote da aldeia, na falta de explicação melhor, afirmava que os deuses estavam zangados; com isso, as pessoas se apressavam em oferecer sacrifícios para aplacar a suposta ira dos deuses.

O Sol era uma fonte de calor, mas, durante uma seca prolongada, esse Sol parecia esterilizar a terra. O fogo servia para aquecer as pessoas nas noites de inverno, mas também para queimá-las nos incêndios; o trovão as apavorava; o relâmpago as deixava trêmulas de medo; as águas inundavam suas terras, afogando seu gado e seus filhos. Para explicar todos esses estranhos fenômenos, os indivíduos primitivos criaram um grande número de divindades.

A partir desse raciocínio, os indivíduos primitivos passaram a tentar comunicar-se com os ventos, as estrelas e as águas, esperando que esses elementos os ouvissem e atendessem a suas preces, e passaram a fazer oferendas e sacrifícios aos deuses do vento e da chuva.

O indivíduo primitivo dividia os deuses e divindades em poderes benéficos e maléficos. Até hoje é possível observar a universalidade desses dois poderes na religião de milhões de pessoas. A crença nos dois poderes é um resíduo dessas ideias primitivas.

Telepsiquismo

O bem e o mal em sua vida são determinados pelo seu pensamento

As forças da natureza não são maléficas; tudo depende do modo como as usamos. Podemos usar qualquer poder de duas formas.

O mesmo vento que joga um navio contra as pedras pode levá-lo em segurança até o porto; podemos usar a eletricidade para fritar um ovo ou para eletrocutar alguém; podemos usar a energia atômica para mover um navio ou para destruir uma cidade; podemos usar a água para afogar uma pessoa ou para lhe saciar a sede; podemos usar o fogo para aquecê-la ou para queimá-la.

Nós é que damos uma finalidade às forças da natureza.

O bem e o mal estão na mente do indivíduo e em nenhum outro lugar. Pense no bem, e tudo irá bem; pense no mal, e tudo irá mal.

Conheça a grande verdade e progrida na vida

O juiz Thomas Troward, autor de *Edinburgh Lectures* e muitos outros livros, afirmou em 1902:

> Se admitir que existe algum Poder fora de você mesmo, por mais benéfico que o imagine, você terá plantado a semente que mais cedo ou mais tarde trará o fruto do "medo", que é a ruína completa da vida, do amor e da liberdade... Devemos lutar, tanto interna como externamente, por essa *grande verdade* e nunca admitir, nem mesmo por um instante sequer, qualquer pensamento que se oponha a essa Verdade Básica do Ser.*

---

* Troward, Thomas. *Hidden Power*. (Dodd, Mead & Co., 1902, pp. 213-14.)

Como o telepsiquismo revela os grandes segredos da magia

Troward nos revelou uma verdade maravilhosa que nunca devemos esquecer. As sugestões dos outros não têm poder para criar as coisas que sugerem. O poder está em nossa própria mente. Quando nossos pensamentos são os de Deus, o poder Dele é o nosso poder. É sempre o movimento do nosso próprio pensamento que cria alguma coisa. Temos poder suficiente para rejeitar totalmente qualquer sugestão negativa e nos unir mentalmente à Onipotência que temos em nós.

Por que o chamado "vodu" é apenas uma sugestão negativa

Há alguns anos, visitei a Cidade do Cabo, na África do Sul, para dar uma conferência, a convite da saudosa Dra. Hester Brant, que mantinha um grande centro de estudos das ciências da mente. Ela me levou para visitar uma das minas de ouro de Joanesburgo, e um médico inglês que lá trabalhava me contou que, quando um mineiro comete alguma infração contra a companhia, recebe uma mensagem do feiticeiro do tipo: "Você vai morrer às 6 da tarde." E realmente morre. A autópsia nunca revela nenhuma causa para o falecimento. Na opinião do médico a causa da morte dos pobres homens é o medo.

Ela estava aterrorizada porque rezavam contra ela

Há algumas semanas conversei com uma jovem muito preocupada, porque achava que algumas pessoas da igreja que costumava frequentar estavam rezando contra ela desde que deixara o grupo. Pensava que estava amaldiçoada e que, como consequência, tudo estava indo mal.

Expliquei que a maldição que havia mencionado era, na realidade, o uso negativo da lei do subconsciente* e que ela mesma é que se prejudicava pelo medo. As sugestões dos outros haviam se tornado um movimento dos próprios pensamentos da moça e, como os pensamentos dela eram criadores, ela estava se ferindo. Estava transferindo seu poder para os membros de sua antiga igreja, sem perceber que eles não possuíam nenhum poder próprio.

Expliquei-lhe que o poder estava nela, que devia deixar imediatamente de transmitir esse poder para os outros. Deus ou o Espírito é Uno e Indivisível: Ele se move como uma unidade. Não existem divisões ou contradições dentro d'Ele, e, se ela se pusesse ao lado do Infinito e desse a Ele seu apoio, devoção e lealdade, nada lhe poderia acontecer.

A moça começou a recitar o seguinte:

> Aquele que habita no esconderijo do Altíssimo, à sombra do Onipotente, descansará. Direi do Senhor: Ele é o meu Deus, o meu refúgio, a minha fortaleza, e nele confiarei. (SALMOS 91:1-2)

— Considere essas pessoas como extremamente ignorantes e tenha pena delas — acrescentei. — O verdadeiro poder é sempre construtivo. Eles estão usando a *sugestão*, que é um poder mas não o Poder (Deus), que sempre promove a harmonia, a beleza, o amor e a paz. Não se esqueça de que uma sugestão só tem o poder que você permite que ela tenha. Una-se conscientemente com o Amor, a Vida e o Poder Infinito que estão em você e repita constantemente: "O amor de Deus me envolve, me cerca e me protege. Tenho uma

---

* Ver Murphy, Joseph. *O poder do subconsciente* (Rio de Janeiro: BestSeller, 2015).

vida maravilhosa. O encantamento de Deus é como um círculo mágico. Sempre que eu pensar no pessoal da igreja, chamarei Deus para meu lado e tudo estará bem."

Praticando as verdades simples que acabei de descrever, ela conseguiu paz e passou até a achar graça dos antigos temores. Depois de uma semana, ouviu dizer que cinco dessas pessoas haviam ficado muito doentes e uma falecera. A jovem havia deixado de receber os pensamentos e vibrações negativas, e eles se voltaram com força redobrada contra seus autores. Esse efeito é chamado de "bumerangue".

Ela achava que o pai praticava magia contra ela

Há alguns meses, ouvi a história de uma mulher de Honolulu que disse ter se casado com um homem de outra raça e religião. Como o pai dela era um Kahuna (sacerdote nativo) e tinha poderes mágicos, estava convencida de que o pai usaria feitiços para desfazer o casamento.

A explicação muitas vezes equivale à cura. Essa mulher era formada em psicologia pela Universidade do Havaí, mas vivia com medo da maldição do pai. Expliquei para ela que, se o amor a unia ao marido, nenhuma pessoa ou acontecimento poderia ameaçar o casamento. Deus é amor, e, quando dois corações batem em uníssono, todas as pragas do mundo são como bolas de papel atiradas contra um navio de guerra.

A suscetibilidade a impressões do subconsciente, aliada ao uso negativo da imaginação, tem contribuído para paralisar parcialmente milhões de pessoas inadvertidas. Essa mulher estava sendo prejudicada pela ilusão de que os feitiços do pai (uso negativo da mente) eram potentes e trariam resultados.

Telepsiquismo

Contei-lhe a história de Plotino, um sábio que viveu há mais de 1.700 anos. Um sacerdote egípcio o visitou e rogou uma praga para ele, isto é, desejou sua morte. Plotino não acreditava em pragas, mas sabia que o sacerdote realmente acreditava que possuísse esse poder. Não existe nenhuma força em uma sugestão negativa ou maldição lançada contra você, a menos que você seja suficientemente tolo e ignorante para levá-la a sério.

Plotino sabia que ele e o Deus do Amor eram um só Deus. Deus é Onipotente; a unidade com Deus é a certeza da vitória.

> Que diremos, pois, a estas coisas? Se Deus é por nós, quem será contra nós? (ROMANOS, 8:31)

> Eis que vos dou poder para pisar serpentes e escorpiões, e toda a força do inimigo, e nada vos fará dano algum. (LUCAS, 10:19)

> Nenhum mal te sucederá, nem praga nenhuma chegará à tua tenda. (SALMOS 91:10)

> Ainda que eu andasse pelo vale da sombra da morte, não temeria mal algum, porque tu estás comigo; a tua vara e o teu cajado me consolam. (SALMOS 23:4)

A história conta que a praga não surtiu efeito, e, não podendo agir em Plotino, "ricocheteou" em direção ao sacerdote egípcio que a havia rogado. Ele teve um ataque e desmaiou aos pés de Plotino, que teve pena do sacerdote, tomou-o pela mão e o levantou. O sacerdote reconheceu o Poder único e se tornou um dedicado discípulo de Plotino.

Essa explicação tirou um grande peso da alma da jovem havaiana. Ela disse para o pai:

— Papai, não tenho mais medo do senhor. O senhor merece pena. Pensa que tem um grande poder, mas tudo não passa de sugestões negativas, e o que deseja para os outros acabará acontecendo com o senhor mesmo. O poder está comigo, e sei que Deus está ao meu lado. Seu amor nos cerca e nos protege. Quando penso no senhor, repito para mim mesma: "Deus está comigo; ninguém pode nada contra mim. Sou livre." — Abençoou o pai e partiu.

Algum tempo depois, escreveu-me dizendo que o pai continuava a odiá-la e havia prometido novamente que seus sortilégios a matariam junto do marido. A moça não deu atenção às ameaças; dias depois, o pai caiu morto na rua. A havaiana me disse que o pai se matara de tanto ódio, e tinha razão. O ódio, o ciúme e a hostilidade matam o amor, a paz, a harmonia, a alegria, a vitalidade e a boa vontade. Todos os pensamentos destrutivos do pai se voltaram para ele próprio, e o choque foi forte demais. O que você deseja para os outros acaba se tornando realidade para si mesmo.

Moisés e os sacerdotes egípcios

Nos tempos antigos, o povo acreditava que os sacerdotes tinham o poder de amaldiçoar aqueles que os desafiavam ou irritavam, e assim eles se aproveitavam da ignorância do povo.

Moisés não foi enganado pela arrogância dos sacerdotes egípcios. Pelo contrário, foram eles que ficaram assustados, desistindo de tentar intimidar o profeta e seu povo.

Ele ensinava a unidade do Poder Espiritual. A fé dos egípcios se baseava na crença em muitos poderes. Moisés sabia que Deus é Uno e, portanto, nada tinha a temer.

Telepsiquismo

Pense positivamente

É absolutamente essencial que você entenda perfeitamente que a harmonia, a beleza, o amor, a paz, a alegria e todas as dádivas da vida vêm de uma Única Fonte — Deus. Ele não pode fazer nada sem amor, pois é o Amor Sem Limites. Não pode desejar o sofrimento, pois é a paz absoluta. Deus não pode desejar tristeza, pois é a alegria absoluta. Não pode desejar a morte, porque Ele é Vida, a *sua* vida.

Todas as pragas, feitiços, vodus e outras coisas desse tipo resultam da crença infantil em uma força diametralmente oposta. Só existe Um Poder, Um Deus, e não dois, três ou mil; apenas um. Acreditar em um poder do mal, capaz de desafiar a Deus, é uma tola superstição.

Quando os homens usam o Poder Único de forma construtiva, harmoniosa, pacífica e benéfica, ele é chamado de Deus. Quando os homens usam esse poder de forma negativa e tola, ele é chamado de satã, demônio, espírito do mal etc.

As pragas são inofensivas

Quando você se volta para o Espírito Vivo que está e vive em você, que abre sua mente, seu coração, e afirma diariamente que: "Deus existe e Sua Presença traz harmonia, beleza, amor, paz, alegria e abundância, vela por mim e está sempre me cercando pelo círculo sagrado do seu amor", e quando você está em perfeita unidade com o Poder Único, então você é o que a Bíblia chama de Israel.

Diz a Bíblia:

> Pois contra Jacó não vale encantamento, nem adivinhação contra Israel; neste tempo se dirá de Jacó e de Israel: Que coisas Deus tem realizado! (NÚMEROS, 23:23)

Um indivíduo que reconhece a supremacia do Espírito e o poder de seu próprio pensamento descobre que todos os seus caminhos são agradáveis e todas as suas jornadas são pacíficas.

Não se esqueça...

1. O maior segredo do indivíduo é que Deus é Uno e Indivisível, a única Presença e Poder, Causa e Substância. O indivíduo esclarecido atribui todo o poder, confiança e lealdade à Causa Suprema (Espírito) e não a coisas criadas. Não devemos atribuir poder a um indivíduo, pedra ou estrela. Todo o poder pertence ao Criador.

2. Quando éramos crianças, só pensávamos em imagens mentais; em consequência, nossa mente infantil projetava imagens de Deus como um velho barbado sentado em um trono, rodeado de anjos. As mentes infantis imaginam um demônio com cascos, chifres e uma cauda pontiaguda. Tudo não passa de imagens criadas em nossa mente pelas sugestões supersticiosas dos adultos.

3. O indivíduo primitivo atribuía os prazeres aos deuses e o sofrimento aos espíritos do mal. Ele tentava comunicar-se com o vento, a água e as estrelas, esperando que atendessem a suas súplicas. Uma crença em dois poderes (o do bem e o do mal) é um resíduo dessas ideias supersticiosas.

4. As forças da natureza não são boas nem más; tudo depende do uso que fazemos delas. Podemos usar a eletricidade para encerar o chão ou para eletrocutar alguém. O bem e o mal estão na mente do indivíduo.

5. Se você admitir que existe algum poder fora de si mesmo, por mais benéfico que você o imagine, terá plantado a semente que mais cedo ou mais tarde trará o fruto do "medo", que é a ruína completa da vida, do amor e da liberdade.

6. Os feiticeiros não têm nenhum poder, mas, quando querem rogar uma praga, avisam ao nativo que ele foi amaldiçoado, e este, acreditando no poder do feiticeiro, obedece à sugestão, que se torna um movimento do próprio pensamento. Os missionários acham graça nessas pragas, pois sabem que nada lhes poderá fazer de mal. O subconsciente dos padres não aceita as sugestões negativas dos feiticeiros. É preciso haver um sentimento negativo em seu subconsciente para que você aceite uma sugestão maléfica. Que adiantaria você prever o fracasso de um indivíduo cheio de confiança? Ele riria de você.

7. É tolice dar poder aos que dizem rezar contra você. O melhor é ter pena deles, pois o poder que dizem possuir é totalmente ilusório. O único poder é o de Deus. Ele é o Sábio, o Poderoso, o Pai de Todas as Coisas. Ele é harmonia, e nada pode se opor a Ele ou frustrar Seus desígnios. Ele é Onipotente. Junte-se a Ele; quando seus pensamentos são os pensamentos Dele, o poder de Deus é o seu poder. Os pensamentos negativos dos outros não podem atingi-lo se você se recusar a aceitá-los, e voltarão ao ponto de partida com força redobrada.

8. Quando o Amor de Deus une marido e mulher, ninguém pode romper essa união. Deus é Amor, e quando alguém diz que vai romper um casamento abençoe-o e siga seu caminho. Dê poder a Deus, a ninguém mais.

Como o telepsiquismo revela os grandes segredos da magia

9. O ódio, o ressentimento, o ciúme e a hostilidade matam o amor, a paz, a harmonia, a beleza, a alegria e o discernimento. Continuar gerando emoções negativas é altamente destrutivo e pode terminar em doença séria, em profunda perturbação nervosa ou mesmo em insanidade.

10. Moisés pregou a unidade do Poder Espiritual. Os sacerdotes egípcios acreditavam em muitos deuses e espíritos do mal. Moisés sabia que o poder é um só e, portanto, nada tinha a temer.

11. Pense positivamente e ofereça todo o seu poder, toda a sua confiança e toda a sua lealdade ao Poder Supremo: o Espírito Vivo que existe dentro de você. Una-se a Ele e deixe Sua presença trazer-lhe harmonia, saúde, paz, alegria e amor, e verá que todos os seus caminhos serão agradáveis e suas jornadas, pacíficas.

Como deixar o telepsiquismo fazer maravilhas por você

RALPH WALDO EMERSON afirmou: "O finito sofre e se debate. O Infinito está deitado em repouso, sorrindo." A lei da mente é implacável. O que você pensa, você cria; o que você sente, você atrai; o que você acredita, torna-se realidade. Todas as leis são impessoais e implacáveis, e a mesma verdade se aplica à sua mente. É perigoso mexer com forças que você não compreende. Por exemplo: se você não conhece as leis da eletricidade, se não sabe o que é um isolante ou um condutor, corre um sério perigo de se eletrocutar.

A ação e a reação estão sempre presentes na natureza. Outro meio de ilustrar esse fato é observar que qualquer pensamento que você considera verdadeiro passa para o subconsciente, e o subconsciente por sua vez expressa o que recebeu — seja bom, mau ou indiferente.

Como um homem recuperou o amor perdido

Um homem uma vez se queixou comigo de que, depois de 15 anos de vida conjugal, havia descoberto que a mulher lhe era infiel. Conversando sobre seus problemas, mencionou que, seis meses antes da dolorosa descoberta, visitara a mulher no escritório onde ela trabalhava e havia reparado que seu chefe era muito elegante e atraente, além de rico. Ele então me disse:

Como deixar o telepsiquismo fazer maravilhas por você

— Na mesma hora, tive certeza de que ela ia fugir com aquele homem, e passei a preocupar-me constantemente com isso, embora nada lhe dissesse.

Nesse instante, ao que parece, o veneno do ciúme se apossou de sua mente, e o que tanto temia finalmente aconteceu.

O homem conhecia alguma coisa sobre as leis da mente, pois havia lido *O poder cósmico da mente*. Discutimos todo seu procedimento, e ele compreendeu que sua imagem mental da mulher fugindo com outro homem havia se infiltrado no subconsciente da esposa. A mulher não sabia nada a respeito desses pensamentos. Na verdade, o mecanismo havia sido totalmente inconsciente.

De certa forma, o homem foi o responsável, porque a intensidade de suas imagens mentais foi tão poderosa que acelerou e precipitou o desenlace que tanto temia. Ele percebeu que havia contribuído para a desgraça, usando as leis da mente de forma muito negativa. Assim, por minha sugestão, foi conversar com a mulher sobre o assunto e, ao mesmo tempo, lhe explicou o mecanismo pelo qual a havia influenciado. Ela admitiu a infidelidade, pediu perdão e concordou em romper sua relação com o chefe. Procurou outro emprego e o espírito de perdão e de amor Divino tornou a unir o casal.

Para acabar de uma vez com todas as formas de medo e de ciúme, o homem passou a recitar a seguinte oração:

Minha mulher é receptiva a meus pensamentos construtivos. No centro do seu ser está a paz. Deus a guia. A retidão Divina a governa. Existem harmonia, amor, paz e compreensão entre nós. Quando penso nela, imediatamente a bendigo mentalmente e falo: "Deus ama e cuida de você."

Depois de recitar essa oração durante algum tempo, ele ficou livre do medo e do ciúme, que é o filho do medo. O casamento se

Telepsiquismo

tornou cada vez mais feliz. Como já disse Jó: "O que mais temia aconteceu comigo." Inverta a frase e ela é igualmente verdadeira: "O que mais amo se tornou parte de minha vida."

O poder infinito fez maravilhas por ela

O título deste capítulo é resultado de uma entrevista que tive com uma estudante da Universidade do Sul da Califórnia. Ela tinha lido *A magia do poder extrassensorial* e ficara conhecendo as maravilhosas experiências que muitas pessoas têm nos sonhos e visões. Ela me disse:

— Tenho 21 anos e decidi me casar. Há uma semana dialoguei com meu Eu Superior. Eis o que eu disse:

Você é onisciente. Traga para minha vida aquele homem que combine perfeitamente comigo e que seja o homem certo para mim. Agora vou dormir.

Foi o bastante. Em seu sonho, ela viu um rapaz mais ou menos de sua idade, alto e simpático, com um livro embaixo do braço. Percebeu imediatamente que era o homem com quem iria se casar. Embora não tivesse a mínima ideia de quem ele era ou onde o encontraria, sentiu-se perfeitamente tranquila e deixou de se preocupar com o assunto.

Uns dois meses depois desse sonho, a jovem foi à igreja e o rapaz que sentou a seu lado era o mesmo que ela havia visto no sonho. Estava com um livro embaixo do braço — uma Bíblia. Um mês depois, estavam casados.

Esses sonhos, que revelam a identidade do futuro marido ou esposa, são bastante frequentes. Essa jovem estudante conhecia o poder da mente. Também sabia que o último pensamento cons-

Como deixar o telepsiquismo fazer maravilhas por você

ciente que temos antes de adormecer fica profundamente gravado no subconsciente, podendo influir sobre os acontecimentos futuros. Muitas vezes, o consciente e o subconsciente entram em comunicação durante o sono.

> Inútil vos será levantar de madrugada, repousar tarde, comer o pão de dores, pois assim dá Ele aos seus amados o sono. (SALMOS 127:2)

Ele achava que "as cartas estavam marcadas" contra si próprio

Em uma recente viagem à Irlanda visitei um primo que mora perto de Killarney. Durante o jantar, ele começou a se queixar de que estava com muito "azar". Disse que uma cartomante lhe falara que havia forças do mal trabalhando contra ele, o que só servira para assustá-lo ainda mais. Parecia pensar que estava sob o efeito de uma sentença inexorável. Esse meu primo é um homem culto, formado em agronomia.

Ele me disse que havia lido sobre Emerson na universidade, mas aparentemente não sabia como Emerson definiu o destino:

> Ele (o *homem*) considera o destino estranho, porque a cópula (*ligação*) está escondida. Mas a alma (*subconsciente*) contém os eventos que vão ocorrer, uma vez que são apenas a concretização dos nossos pensamentos; tudo que pedimos em prece é sempre atendido. Os acontecimentos são a impressão de nossas formas. Ajustam-se a nós como nossa pele.*

---

* Os grifos são do autor. [N. da E.]

Telepsiquismo

Expliquei-lhe que a afirmação de Ralph Waldo Emerson é tão verdadeira quanto as leis da agricultura que ele havia estudado e que do seu condicionamento, crenças religiosas, aceitação emocional, pensamentos e sentimentos dependiam todas as situações, experiências e acontecimentos de sua vida. Em outras palavras, a causa estava em sua própria vida mental e não na natureza externa. Meu primo, que começou a reconhecer a verdade de que seu subconsciente estava sempre reproduzindo suas crenças e maneiras de pensar, percebeu que, se aceitasse as sugestões negativas da cartomante, elas passariam a ser um movimento do seu próprio pensamento, criando experiências também negativas, da mesma maneira que uma semente reproduz uma planta de sua própria espécie. Estava totalmente livre para rejeitar o que a cartomante havia dito e acreditar que poderia criar um futuro feliz por meio de seus próprios pensamentos.

Ressaltei o fato de que, afinal de contas, a cartomante não tinha nenhum poder sobre ele, nem podia controlar sua vida. Na melhor das hipóteses, se ela fosse uma pessoa muito sensível, poderia captar seus pensamentos mais profundos e lhe revelar os segredos do seu próprio subconsciente. E garanti que ele poderia mudar esse estado de coisas, pensando positivamente e identificando-se com as verdades eternas.

> Porque aquilo que temia me sobreveio; e o que receava me aconteceu. (JÓ, 3:25)

Na verdade, todos os reveses, desapontamentos e decepções haviam sido criados por ele mesmo. Meu parente se mostrou disposto a adotar uma nova atitude. Escrevi uma oração para ele recitar toda manhã e toda noite com o máximo de fervor:

Hoje é dia de Deus. Escolho a felicidade, o sucesso, a prosperidade e a tranquilidade. Sou guiado por Deus o dia inteiro e hei de prosperar em todas as minhas atividades. Quando a minha atenção se afastar dos pensamentos de sucesso, paz, prosperidade e bem-estar, voltarei imediatamente meus pensamentos para a contemplação de Deus e de Seu amor, sabendo que Ele se importa comigo.

Sou um ímã espiritual, atraindo para mim fregueses e clientes que se interessam pelo que tenho para oferecer. Trabalho melhor dia a dia, obtenho sucesso em todos os meus empreendimentos, abençoo de coração todos aqueles que participam de minha vida e de minha profissão. Todos esses pensamentos estão agora penetrando em meu subconsciente, frutificando em abundância, segurança e paz de espírito. É maravilhoso!

Desde então, a vida de meu primo se transformou completamente.

Ela disse: "É o meu sétimo divórcio: o que estou fazendo de errado?"

Uma mulher de meia-idade, muito nervosa e agitada, pediu-me para analisar seus casamentos, que tinham sido desastrosos. Era fácil ver que estivera todo o tempo casada com o mesmo homem, só que cada vez esse homem tinha um nome diferente, e cada casamento era pior que o anterior.

Expliquei-lhe que na vida nem sempre conseguimos o que queremos, mas sim o que esperamos, e que era absolutamente essencial que ela mudasse a atitude de seu subconsciente.

Telepsiquismo

O problema é que essa mulher tinha um profundo ressentimento pelo primeiro marido, que havia mentido, roubado seu dinheiro, suas joias, e depois desaparecera. Sem dispor de uma válvula de escape, esse sentimento negativo havia passado para o subconsciente, e por essa razão ela havia atraído o segundo marido, o terceiro, e assim por diante. Ao projetar seu ressentimento contra os sucessivos maridos, seus pensamentos amplificavam essas emoções negativas em seu próprio subconsciente e, com isso, atraía a imagem e semelhança de seu estado mental patológico. O subconsciente sempre amplifica nossas emoções, boas ou más.

Assim, expliquei-lhe as leis da mente e observei que essas leis são absolutamente justas em suas manifestações, isto é, que uma semente de maçã só pode gerar uma macieira; da mesma forma, reproduzimos necessariamente em todas as fases de nossa vida a réplica exata de nossa natureza interior. "Assim como do lado de dentro, assim como do lado de fora. Assim na terra (corpo, circunstâncias, experiências e acontecimentos) como no céu (mente)."

Acho que minha explicação a convenceu. Ela começou a perceber que não podemos pensar, sentir nem acreditar em uma coisa e então agir ao contrário do que pensamos, sentimos e esperamos. As leis da mente são extremamente eficazes, pois todas as nossas experiências podem ser moldadas pelas nossas crenças e atitudes.

Ela me disse:

— Percebo agora que meu ressentimento, ódio e hostilidade em relação a meu primeiro marido e a minha incapacidade de perdoá-lo acabaram por atrair homens do mesmo tipo para minha vida. Preciso mudar. Agora sei que minhas acusações a meu marido atual não têm fundamento, e, embora ele seja um alcoólico e um jogador, reconheço que minhas acusações de infidelidade não passam de projeções de minha própria culpa, medo e insegurança.

Como deixar o telepsiquismo fazer maravilhas por você

O próximo passo foi ter uma conversa com os dois. Eles resolveram dar mais uma "oportunidade" ao casamento. Ela sabia que, se se divorciasse, repetiria apenas o mesmo quadro de acusações, autopiedade, depressão e ódio contido. Já ele resolveu parar de beber e de jogar, e os dois me prometeram que prestariam homenagem à Divindade presente no cônjuge. O marido se conscientizou de que um homem que ama uma mulher não faz nada que a magoe, e a esposa compreendeu que existe uma mulher por trás de todo homem bem-sucedido.

Eles resolveram rezar juntos pela manhã e à noite, sabendo que é impossível querer mal a uma pessoa por quem oramos.

Esta era a prece:

> Temos consciência de que não podemos ter pensamentos de amor e ressentimento ao mesmo tempo, porque nossas mentes não podem pensar em duas coisas diferentes simultaneamente. Sempre que pensarmos um no outro, afirmaremos com convicção: "O amor de Deus enche sua alma." Irradiamos amor, paz, alegria e boa vontade um para o outro. Somos guiados por Ele e prestamos homenagem ao Deus que existe em cada um de nós. Nosso casamento é uma união espiritual. Perdoamos a nós mesmos por abrigarmos má vontade, ressentimento e pensamentos negativos, e estamos decididos a não permitir que isso volte a acontecer. Sabemos que, se nos perdoarmos, também seremos perdoados, porque Deus, ou a Vida, não pune ninguém; nós é que nos punimos. Só aquilo que pertence ao amor, à verdade e à unidade pode participar de nossas experiências.

Depois de recitarem essa oração durante alguns dias, os dois sofreram uma transformação espiritual e descobriram que o amor dissolve tudo que não se assemelha a ele. Ambos viram que não precisavam mudar nada além de si mesmos.

Se você contemplar as verdades de Deus e irradiar amor e boa vontade em todas as direções, seu mundo se transformará magicamente na imagem e semelhança de sua contemplação, e o deserto florescerá.

Isso, realmente, é deixar que o telepsiquismo faça maravilhas por você.

Não se esqueça...

1. A lei da mente é implacável. O que você pensa, você cria; o que você sente, você atrai; o que você acredita se torna realidade.

2. A ação e a reação estão presentes em toda a natureza. Nosso pensamento é uma ação incipiente e existe uma reação correspondente de nosso subconsciente com base na natureza de nossos pensamentos.

3. Quando um homem acredita, imagina e teme constantemente que a mulher vá traí-lo, seus pensamentos são transferidos para o subconsciente da esposa, e ela pode muito bem fazer exatamente o que o marido teme. Isso é verdade, principalmente se ela não conhece as leis da mente e não sabe "proteger-se".

4. Para acabar com o medo e o ciúme, basta você se identificar com o Deus que existe em si mesmo e em seu próximo, e

Como deixar o telepsiquismo fazer maravilhas por você

desejar para este todas as venturas da vida. O sucesso do próximo é o seu sucesso; a boa sorte do próximo é a sua boa sorte. O amor é o cumprimento da lei da saúde, felicidade e paz de espírito.

5. É possível conhecer o futuro cônjuge em um sonho ou visão. Muitas vezes o subconsciente nos revela a pessoa certa, e temos a sensação de que nossos desejos foram atendidos. Constatamos, então, que nosso companheiro corresponde exatamente à imagem que vimos no sonho.

6. Quando alguém acredita que o azar o persegue ou aceita as previsões negativas de uma cartomante, o subconsciente reage de acordo com essa crença. Na verdade, a própria pessoa é responsável por seu "azar", já que são os postulados da mente que determinam o futuro. Contudo, nós somos totalmente livres para rejeitar as sugestões negativas e voltar-nos para Deus, como um parceiro silencioso que nos ajudará a prosperar de todas as formas. Se acreditarmos em boa sorte, teremos boa sorte. Nosso subconsciente está sempre reproduzindo nossas maneiras de pensar.

7. Quando uma mulher sente um profundo ressentimento contra um ex-marido, essa atitude mental tende a atrair um homem emocionalmente perturbado com as características semelhantes às do ex-marido. Os iguais se atraem. É preciso perdoar de coração, desejando-lhe toda a felicidade na vida. Não existe dor no verdadeiro perdão. Depois de perdoar, ela pode deixar que a Presença Infinita atraia para ela um homem com quem combine perfeitamente.

Telepsiquismo

8. Para um casamento dar certo é preciso duas pessoas de boa vontade. Se ambas decidirem prestar homenagem ao Deus que existe no companheiro, o casamento será cada vez mais feliz. Contemplando as verdades de Deus e reconhecendo Seu amor no amor do cônjuge, eles transformarão o deserto de suas vidas em um belo jardim florido.

Como o telepsiquismo ajuda você a prever os acontecimentos e a reconhecer a voz da intuição

MUITAS PESSOAS NO mundo financeiro têm capacidade de prever a alta e a baixa das ações antes que ocorram no plano objetivo da vida. E a explicação é simples. Nós somos capazes de receber informações intuitivas com relação a um assunto no qual estamos interessados. Nosso subconsciente sempre responde de acordo com a natureza de nosso pensamento concentrado.

Como um jovem empresário praticou o telepsiquismo e ganhou uma pequena fortuna

Recentemente, conversei com um farmacêutico. Ele me contou que, há alguns anos, havia feito um estudo das ações das minas de ouro na África, no México, no Canadá e nos Estados Unidos. Concentrou toda a atenção em cinco ações, que na época estavam muito baixas na bolsa de valores. Sua maneira de usar o telepsiquismo (comunicação com a Inteligência Infinita do subconsciente) foi a seguinte:

Toda noite, antes de dormir, dizia para si mesmo:

Meu subconsciente me revelará qual é a melhor dessas ações. As respostas passarão para meu consciente e tenho certeza de que tudo correrá bem.

Continuou a usar essa técnica durante vários dias, sem deixar de examinar os relatórios financeiros e as perspectivas econômicas das ações em que mostrava interesse. Uma noite, um homem lhe apareceu em sonho e mostrou um cartaz com o nome de uma das companhias, o preço corrente da ação e a valorização que ocorreria. Ele comprou as ações no dia seguinte; meses mais tarde, as ações atingiram os preços que ele vira no sonho. Nessa oportunidade, vendeu-as e ganhou uma pequena fortuna, muito mais do que conseguiria economizar trabalhando como farmacêutico.

Desde então, passou a comprar ações a um preço mais baixo e ganhou ainda mais. O homem que apareceu no sonho não passava de uma dramatização de seu próprio subconsciente, revelando-lhe com clareza o caminho a seguir.

Como o telepsiquismo resolveu o problema de uma secretária

Há alguns meses entrevistei uma jovem cujo pai havia falecido recentemente. Era filha única, e a mãe havia morrido quando ela era criança. Quando tinha 8 anos, o pai a levou ao Havaí, onde passearam por todas as ilhas. Ele lhe contou que havia comprado três terrenos e que um dia ela iria herdá-los. Entretanto, a moça não havia encontrado nenhuma escritura entre os documentos do pai nem ao menos sabia em que ilha ficavam os terrenos, já que ele nunca mais tornara a mencionar o assunto.

Aconselhei-a a ir dormir cedo, relaxar o espírito e imaginar que estava conversando com o Espírito Infinito. Recomendei que mantivesse um diálogo com essa Presença, expliquei-lhe que esse processo era chamado de telepsiquismo e que ela conseguiria uma resposta definitiva. Os pré-requisitos são apenas sinceridade, reconhecimento e aceitação da resposta.

Nessa mesma noite, ela iniciou uma conversa imaginária com seu Eu Superior nos seguintes termos:

Como o telepsiquismo ajuda você a prever os acontecimentos...

> As escrituras dos terrenos que meu pai comprou estão em algum lugar. Sei que você, meu Eu Superior, conhece a verdade, e estou disposta a aceitar sua resposta. Muito obrigada.

Então ela repetiu a palavra *resposta* até cair no sono. A última ideia consciente a ocupar nossa mente no momento em que adormecemos fica profundamente gravada no subconsciente. Quando essa ideia fica suficientemente realçada pela fé e pela confiança, nosso subconsciente, sabedor de tudo, se apressa em responder.

Ela repetiu essas frases durante duas semanas. Uma noite, o pai lhe apareceu em sonho. Estava sorrindo e disse:

> Vou resolver seu problema. A escritura está na Bíblia que sua avó costumava ler. Abra na página 150 e encontrará o envelope. Preciso ir agora, mas espero revê-la em breve. Sou seu pai, não pense que é um sonho.

Ela acordou agitada e correu para a biblioteca. As escrituras estavam exatamente na página que o pai mencionara. Assim, o sonho lhe poupou muito tempo e despesas.

É impossível prever qual o método que o subconsciente vai usar para responder a seu apelo. A clarividência é um dos poderes do subconsciente; assim, pela clarividência, a secretária pôde descobrir o paradeiro da escritura. Mas o subconsciente colocou a imagem dentro de um sonho, da mesma forma que o autor de uma peça coloca palavras na boca dos personagens. Se você achar que foi realmente o "espírito" do pai que revelou a resposta, não estará sozinho; a própria jovem acreditou que se tratava do pai. Precisamos lembrar que a comunicação telepática entre pessoas que se gostam é coisa corriqueira. Não existe

Telepsiquismo

a morte; todos os entes queridos estão sempre à nossa volta, apenas em outro plano.

Eles têm mentes subjetivas iguais às nossas e corpos rarefeitos, capazes de atravessar portas fechadas e de viajar no tempo e no espaço.

Dizer que seu pai ou sua mãe não lhe poderia enviar uma mensagem telepática de outra dimensão seria como afirmar que seu pai não lhe poderia enviar uma mensagem telepática da cidade vizinha, que não lhe poderia telefonar ou lhe mandar um telegrama. Somos todos uma única mente, comum a todos os indivíduos, e cada um de nós é uma entrada e uma saída para essa mente universal.

A Mente e o Espírito, que são a realidade de todos nós, não podem morrer; porque Deus é Vida (Espírito), a *sua* vida. Deus é Espírito, e o Espírito Vivo mora em você, caminha em você, fala em você.

Há milhares de anos, os indianos diziam:

Você (*Espírito*) não teve começo; você (*Espírito*) não terá fim; a água não pode molhá-lo; o fogo não pode queimá-lo; a espada não pode feri-lo; o vento não pode carregá-lo.

Uma pergunta que costumam fazer a mim

— Os espíritos desencarnados (entes queridos que vivem em outras dimensões e têm corpos quadridimensionais) podem se comunicar com os vivos?

Minha resposta é que só existem espíritos encarnados, tanto em nossa dimensão como nas outras. O Dr. Rhine e muitos outros cientistas demonstraram experimentalmente, sem sombra de dú-

Como o telepsiquismo ajuda você a prever os acontecimentos...

vida, que a comunicação telepática entre espíritos encarnados é uma realidade. Isto inclui a comunicação com os "mortos". Nossos entes queridos que já deixaram este mundo são também espíritos encarnados e estão tão vivos quanto eu ou você.

Telepsiquismo e viagens extrassensoriais

Muitas pessoas, consciente ou inconscientemente, se desligaram de seus corpos naturais e descobriram que têm outro corpo, às vezes com a denominação de corpo sutil, corpo astral, corpo quadridimensional etc. Este corpo possui vibrações moleculares muito rápidas, como um ventilador girando tão depressa que suas pás se tornam invisíveis.

É fato reconhecido nos círculos acadêmicos e científicos que o indivíduo é feito de muito mais do que seu próprio corpo. Já foi demonstrado que o indivíduo é capaz de ver, ouvir e viajar independentemente de seu corpo físico. O falecido Dr. Hornell Hart, colaborador do Dr. Rhine na Universidade de Duke, estudou durante vários anos o "homem fora do corpo" e reconheceu a necessidade de novas experiências e pesquisas.

Você encontrará em *1001 maneiras de enriquecer* e em *A magia do poder extrassensorial* relatos muito interessantes de homens e mulheres comuns que projetaram seus corpos astrais a milhares de quilômetros de distância e foram capazes de testemunhar acontecimentos importantes.

Como ele ganhou 100 mil dólares em um dia com o telepsiquismo

Há alguns meses realizei uma palestra na Igreja da Ciência Religiosa, em Las Vegas, Nevada, a pedido do Dr. David Howe. Um dos

Telepsiquismo

homens presentes foi me procurar no hotel em busca de conselhos para seus problemas domésticos.

Durante a conversa, contou-me que era um *bookmaker* e lidava com grandes somas de dinheiro de apostas em corridas de cavalos em todo o país. Revelou-me que se protegia contra grandes prejuízos utilizando o subconsciente de forma regular e sistemática. Quando recebe apostas muito elevadas em um ou dois cavalos, descarrega parte das apostas em outros *bookmakers*, mas, à noite, examina com atenção o programa das corridas, atendo-se apenas a esses dois páreos. Então diz para o subconsciente: "Vou lhe fazer um pedido. Revele-me o vencedor do primeiro ou do terceiro páreo (ou quaisquer que sejam os páreos em que está interessado)"; em seguida, adormece murmurando a palavra "vencedor, vencedor, vencedor". Durante o sono, o consciente se une ao subconsciente, e este recebe a última ideia consciente que a pessoa teve antes de adormecer e passa a agir de acordo. Muitas vezes, esse homem sonha com o páreo e com o ganhador. Entretanto, não é sempre que consegue se lembrar do ganhador quando acorda. Uma vez, ele viu o cavalo Look-Me-Over ganhar um páreo e pagar 27 por 1. Apostou 4 mil dólares e ganhou mais de 100 mil.

Repare que esse sonho é do tipo precognitivo; o *bookmaker* conhece o resultado da corrida 24 horas antes de ela ser disputada. Entretanto, essa informação está intimamente ligada a sua profissão. Nosso subconsciente se concentra nos assuntos que nos interessam. Assim, é capaz de fornecer previsões financeiras a um banqueiro, diagnósticos a um médico, fórmulas a um químico, tendências da bolsa a um corretor, novas ideias a um inventor. Oferece-nos também sugestões, ideias, respostas e previsões relativas ao assunto no qual nossa atenção está concentrada.

Como não esquecer um sonho importante

Expliquei a esse *bookmaker* o que devia fazer para não esquecer mais o nome dos ganhadores, o que costumava ocorrer com relativa frequência. Para isso, bastava que dissesse ao acordar: "Eu me lembro", e a memória do sonho não seria perdida. (Ele experimentou e deu certo.)

O telepsiquismo na vida de Luther Burbank

O nome de Luther Burbank é muito conhecido. De acordo com suas declarações, ele costumava enviar uma mensagem telepática para a irmã sempre que queria acompanhá-la em uma visita à mãe doente. Nessas ocasiões, nunca precisava recorrer ao telefone.

O Dr. Phineas Parkhurst Quimby podia aparecer a distância

O Dr. Quimby, sem dúvida o maior médico espírita dos Estados Unidos, afirmou uma vez: "Sei que sou capaz de condensar minha identidade e aparecer a distância." Para Quimby, seu corpo astral ou quadridimensional era tão real quanto seu corpo físico, e ele costumava aparecer a pacientes que moravam a mais de 200 quilômetros de sua casa.

Quimby demonstrou que o indivíduo é um ser transcendental e não está limitado pelo tempo, pelo espaço ou pela matéria. Citamos um exemplo na vida extraordinária desse grande médico.

Ele escreveu para uma mulher que morava a grande distância de sua casa, em Belfast, Maine, avisando que iria visitá-la em um determinado dia. Devido a um esquecimento, a carta não foi colocada no correio. Entretanto, quando a mulher que ele estava tratando jantava com uma amiga, esta disse: "Há um homem de

Telepsiquismo

pé atrás da sua cadeira." E descreveu sua visão com pormenores. A dona da casa respondeu: "Oh, é o Dr. Quimby. Ele está cuidando de mim." O Dr. Quimby estava presente em espírito a seu lado, usando um corpo astral, que tinha sido visto pela amiga.

Fisicamente, o Dr. Quimby estava em casa na ocasião, pensando na paciente e contemplando o ideal Divino, a força curativa da Presença Infinita, e decidira ao mesmo tempo se projetar a distância, sem dúvida com o objetivo de infundir maior confiança e receptividade na paciente.

O telepsiquismo ajudou um rapaz a conseguir uma bolsa de estudos e um carro novo

Robert Wright, um rapaz de 19 anos, ajuda-me todo sábado de manhã a gravar meu programa de rádio. Ele pratica o telepsiquismo toda noite, e recitava antes de deitar:

> A Inteligência Infinita de meu subconsciente me orienta nos estudos da universidade e me fornece todas as respostas. Estou sempre seguro, calmo e sereno, e passo em todos os exames. Sei que um automóvel é uma ideia na Mente Universal, e estou pedindo um carro novo agora para recebê-lo em um futuro próximo. Agradeço a prece atendida. Sei que a natureza de minha mente mais profunda é atender a meus pedidos e também sei que minhas ideias, quando repetidas fielmente, penetram no subconsciente e se transformam em realidade.

O resultado foi interessante. Certa noite, quando faltava uma semana para um teste importante, ele teve um sonho em que viu todas as perguntas que lhe seriam feitas. Em consequência, obteve uma nota excelente e conseguiu a bolsa de estudos que lhe permitiria completar sua educação. O carro que estava usando para ir à universidade enguiçou e, no mesmo dia, ele ganhou um carro novo de presente.

No momento em que o carro enguiçou, ele afirmou com confiança: "Tudo vai dar certo." E tudo deu certo. O segredo para uma vida feliz e cheia de realizações está na confiança nos desígnios de Deus.

Não se esqueça...

1 Somos capazes de receber informações intuitivas do subconsciente com relação a um assunto no qual estamos interessados. Por exemplo: se você está interessado na bolsa de valores, poderá ter um palpite, uma intuição ou um impulso irresistível para comprar uma certa ação. Ou talvez, como já aconteceu com muita gente, sonhe com o nome da ação e com o preço que ela atingirá em um tempo hábil. Nosso subconsciente dramatiza a resposta de forma imprevisível, de modo que devemos estar sempre de sobreaviso para tirar proveito dela.

2. Se você tiver perdido um objeto, recorra ao subconsciente, afirmando que a Inteligência Suprema do subconsciente sabe a resposta e vai revelá-la a você. Confie em sua mente mais profunda, que tudo sabe e tudo vê. Uma moça, por exemplo, me contou que o pai lhe apareceu em sonho e lhe disse para abrir a Bíblia em uma certa página, onde estavam as escrituras de que ela necessitava para reivindicar a posse de uns terrenos.

Telepsiquismo

3. Nosso subconsciente tem o dom da clarividência, o dom da telepatia e outras faculdades extrassensoriais. Isso é uma consequência do Poder Infinito. O subconsciente é parte do Poder Infinito, que é capaz de ler a mente de qualquer pessoa ou conhecer o conteúdo de um cofre fechado. Recorra ao subconsciente com fé e confiança, e seu pedido será certamente realizado.

4. Você é Mente e Espírito; você é imortal. Deus é Espírito, e esse Espírito é o Princípio de Vida que existe dentro de você, a Realidade do seu ser. O Espírito não tem começo nem fim. Sua jornada é sempre para a frente, para cima, em direção a Deus. Não há limites para a glória que é o indivíduo. Não é possível esgotar as maravilhas e glórias do Infinito.

5. As pessoas que vivem nessa dimensão são capazes de se comunicar telepaticamente umas com as outras, e seria tolice afirmarmos que as pessoas que passam para outra dimensão da vida, que nos cerca e nos interpenetra, não podem se comunicar conosco. Elas têm um Espírito igual ao nosso. Não existem separações na Mente Universal. Acredito sinceramente que existem muitas ocasiões em que recebemos mensagens concretas de pessoas que vivem em outra dimensão da vida. Não existe morte, e portanto seria tolice falar em mensagens dos mortos, uma vez que as pessoas que já viveram continuam vivas; daqui a um milhão ou um bilhão de anos você também estará vivo, participando mais e mais das qualidades, atributos e maravilhas do Infinito.

6. É fato reconhecido nos círculos acadêmicos e científicos que o indivíduo é capaz de ver, ouvir e viajar independentemente de seu corpo físico. A viagem astral, ou viagem extrassenso-

Como o telepsiquismo ajuda você a prever os acontecimentos...

rial, é conhecida há muitos séculos. Muitas pessoas passam por essa experiência inconscientemente; outras conseguem se transportar pensando fixamente em um amigo ou parente. Durante essas viagens, as pessoas podem ser vistas, ouvidas e sentidas. Não são fantasmas ou aparições; simplesmente se revestiram de um corpo astral que é rarefeito e atenuado, capaz de passar por portas fechadas e de viajar no tempo e no espaço. Lembre-se de que você é um ser mental e espiritual. Um dia usará esses poderes e faculdades de uma forma completamente independente de seu atual corpo tridimensional.

7. Um *bookmaker* que se concentra nos cavalos de um certo páreo antes de dormir, pedindo ao subconsciente que lhe revele o ganhador, recorre a ele com pleno reconhecimento de seus poderes, com fé e confiança, e invariavelmente recebe respostas. Existem muitas pessoas na Inglaterra que previram o ganhador do Derby Inglês e ganharam pequenas fortunas. Conheci um certo doutor Green que gostava de corridas de cavalos e que havia ganhado 250 mil libras sonhando com o resultado da corrida durante seis anos sucessivos.

8. Em vez de dizer "não sonho nunca" ou "não consigo me lembrar dos meus sonhos", experimente repetir para si mesmo no momento em que acordar: "Eu me lembro." Com isso, poderá recordar todas as mensagens de seu subconsciente.

9. Luther Burbank não precisava telefonar para a irmã quando queria acompanhá-la para visitar a mãe doente; em vez disso, enviava-lhe uma mensagem telepática, que era sempre recebida.

10. O Dr. Phineas Parkhurst Quimby, de Belfast, Maine, afirmou em 1847: "Sei que sou capaz de condensar minha identidade

Telepsiquismo

e aparecer a distância." Ele era capaz de assistir os pacientes em seu corpo astral, ou quadridimensional, que todos nós possuímos. Quimby demonstrou que o indivíduo é um ser transcendental e não está limitado pelo tempo, pelo espaço ou pela matéria.

11. Um jovem estudante universitário costuma pedir à Inteligência Infinita do subconsciente para orientá-lo nos estudos e lhe revelar as questões das provas. Frequentemente, sonha com os testes que vai fazer. E as perguntas feitas no sonho são exatamente iguais às da prova. É um fenômeno chamado de precognição, a capacidade de prever os acontecimentos com antecedência. O que acontece é que o subconsciente faz com que o professor escolha as perguntas de acordo com o que já estava previsto.

Como o telepsiquismo revela respostas em sonhos e visões

DURANTE UMA CONSULTA, há algumas semanas, um homem me perguntou:

— Que são os sonhos e o que me faz sonhar?

É uma boa pergunta, e acho que ninguém poderia lhe dar uma resposta simples. Os sonhos têm sido discutidos e interpretados em todas as épocas e em todas as partes do mundo.

Os sonhos são dramatizações do subconsciente; por esse motivo, são eminentemente pessoais. Todos nós sonhamos; os animais também sonham. Na verdade, passamos um terço de nossa vida dormindo, e boa parte desse tempo sonhando. Muitos laboratórios no mundo inteiro estão estudando o sono e os sonhos, e muitas vezes chegam a resultados assombrosos.

O poder da sugestão

Há muitos anos, em Nova York, assisti a uma demonstração de um psicólogo de Berlim. Ele hipnotizou vários estudantes e procurou influenciar seus sonhos. Pediu a um deles que sonhasse a respeito de casamento e lua de mel; a outro, que sonhasse com a Índia e seus templos sagrados; a outro, que sonhasse que era um milionário etc. E afirmou que cada um deles se lembraria nitidamente do sonho,

Telepsiquismo

mas que não teria nenhuma consciência do fato de que o sonho havia sido sugerido pelo hipnotizador.

Depois de uns dez minutos, os estudantes acordaram e relataram seus sonhos. Todos os sonhos correspondiam de perto à natureza da sugestão. É que o subconsciente é muito suscetível a sugestões e, raciocinando apenas de forma dedutiva, reage de acordo com a natureza dessas sugestões.

É inegável que muitos dos nossos sonhos são consequência do que fizemos durante o dia e do modo como reagimos aos acontecimentos quotidianos. Nosso subconsciente elabora, coordena e amplifica tudo que se filtra até ele.

A maioria dos leitores deve conhecer os nomes de Sigmund Freud (autor de *A interpretação dos sonhos*, 1899), Carl Jung e Alfred Adler, três estudiosos que escreveram muitas obras acerca dos sonhos de seus pacientes. Esses cientistas tinham diferentes opiniões a respeito da influência do subconsciente sobre os sonhos humanos; em consequência, fundaram três diferentes escolas de psicologia, a *psicanálise* (Freud), a *psicologia analítica* (Jung) e a *psicologia individual* (Adler). As três escolas apresentam diferenças significativas quanto à interpretação dos sonhos e ao papel do subconsciente, e não é minha intenção analisar aqui as falhas e as virtudes de cada escola. Entretanto, uma discussão dos sonhos servirá para demonstrar que a solução de muitos problemas importantes pode ser revelada neles.

Como uma professora resolveu seus problemas por meio de um sonho

Uma jovem professora se queixou comigo de que se sentia terrivelmente frustrada na profissão, não tinha nenhum jeito para ensinar, mas os pais a haviam forçado a lecionar.

Expliquei-lhe que o subconsciente sabe de tudo a respeito de nossos talentos ocultos e que, se consultasse a Inteligência Infinita do subconsciente, receberia uma resposta.

A técnica que ela usou, sugerida por mim, foi recitar todo dia antes de deitar:

> A Inteligência Infinita me revela meu verdadeiro lugar na vida, no qual me realizo da forma mais completa possível e tenho uma renda maravilhosa, compatível com a integridade e a honestidade. Aceito a resposta e durmo em paz.

Logo na primeira noite, ela teve um sonho muito vívido. Estava em um grande edifício, e um homem apontava para uma certa porta, convidando-a a abri-la. A moça abriu a porta e entrou em um quarto cheio de belas pinturas. Olhando para os quadros, ficou fascinada e disse para si própria: "É aqui mesmo."

Ela me telefonou e disse que ia se dedicar à pintura e abandonar o magistério. Ficou imediatamente apaixonada pela pintura, e hoje é uma pintora de renome. Recentemente comprei um de seus quadros por 200 dólares. Logo na primeira exposição, a moça conseguiu vender quadros no valor de 2.500 dólares.

Sua citação favorita da Bíblia é a seguinte:

> Conheço as tuas obras; eis que diante de ti pus uma porta aberta, e ninguém a pode fechar; tendo pouca força, guardaste a minha palavra, e não negaste o meu nome. (APOCALIPSE, 3:8)

Não há nenhum obstáculo à realização dos desejos de seu coração, a menos que você coloque o impedimento, a dificuldade, a

Telepsiquismo

demora ou a obstrução em sua mente consciente. Nada pode se opor ao poder e à sabedoria do subconsciente.

Um dos quadros dessa jovem artista atraiu a atenção de um de seus antigos professores, que acabou por pedi-la em casamento. Hoje, eles vivem na Austrália e são muito felizes.

Como o telepsiquismo ajudou uma mulher a encontrar o dinheiro escondido

Recentemente, uma das minhas ouvintes de rádio me telefonou e contou que o pai havia falecido na semana anterior. Explicou-me que sabia que o pai guardava em casa uma grande soma em dinheiro, pois costumava voar para Las Vegas duas vezes por mês e apostar na roleta com grande sucesso. O homem havia contado à filha que só jogava quando tinha um palpite ou intuição de que iria ganhar, e no momento em que essa intuição o abandonava ele parava imediatamente de jogar.

O pai morrera dormindo, de forma totalmente inesperada. A filha dera uma busca completa na casa, mas não encontrara nenhum sinal do dinheiro.

Aconselhei-a a consultar o subconsciente, que conhece todas as respostas. Expliquei-lhe que, se seu consciente estivesse em paz e ela estivesse relaxada e confiante, a sabedoria do subconsciente subiria à superfície e lhe revelaria a resposta.

Ela repetiu o salmo 23 durante dez minutos e então fechou os olhos, afirmando para si mesma que a sabedoria do subconsciente lhe revelaria o paradeiro do dinheiro do pai, de forma que ela reconhecesse instantaneamente a resposta. E adormeceu. De repente, ela disse: "Papai veio a mim", e ele apareceu ao lado da cadeira e sorriu. Parecia tão real e natural que não teve dúvidas de que se tratava do pai. Ele disse: "Elizabeth, o dinheiro está em uma caixa

Como o telepsiquismo revela respostas em sonhos e visões

de aço no sótão, atrás de uma caixa de ferramentas, e a chave está na gaveta em que guardo a correspondência."

Ela acordou imediatamente e encontrou 13 mil dólares em notas de 50 e 100 dólares no local indicado pelo pai. E sua alegria foi dupla. Ela ficou satisfeita de encontrar o dinheiro, pois sua situação financeira não era boa, mas, mais que isso, ficou convencida de que o pai ainda estava vivo, embora em outra dimensão.

Ninguém pode negar a imortalidade. A Bíblia afirma:

> E a vida eterna é esta: que te conheçam, a ti só, por único Deus verdadeiro, e a Jesus Cristo, a quem enviaste. (JOÃO, 17:3)

Como obter respostas através do telepsiquismo

Uma das melhores ocasiões para recorrer à sabedoria do subconsciente em busca de ideias, respostas e inspirações é a hora de dormir. Isso porque nesse momento você está mais relaxado, mais à vontade, mais tranquilo. Relaxe o espírito repetindo alguns versos do salmo 23 e faça seu pedido.

Por exemplo: se você é gerente de vendas e tem que falar aos vendedores no dia seguinte, experimente recitar o seguinte:

> Sei que a Inteligência Infinita de meu subconsciente orientará minha palestra de amanhã e me fará dizer palavras capazes de inspirar, animar e entusiasmar meus vendedores. Tudo que disser estará correto para a ocasião e todos lucrarão com a palestra.

Diga essas palavras em voz alta ou mentalmente, como preferir. Basta ter fé e confiança que o subconsciente não o desapontará.

Telepsiquismo

Se você souber com uma certa antecedência que terá que proferir um discurso, repita essa oração toda noite e descobrirá que, embora possa ter preparado um roteiro para a palestra, novas ideias surgirão espontaneamente no seu consciente enquanto você estiver falando.

Devo aceitar este emprego?

Ao formular essa pergunta, não permita que seu consciente responda sozinho. Em primeiro lugar, procure apreciar as vantagens e desvantagens da situação. Em seguida, se você ainda tiver alguma dúvida, faça o seguinte apelo ao subconsciente:

> Sei que meu subconsciente é infinitamente sábio. Está interessado em meu bem-estar e sabe se devo ou não aceitar este emprego. Obedecerei fielmente a suas recomendações.

Em seguida, repita a palavra *resposta* até adormecer.

Use esse método bem confiante e você receberá a resposta correta, que pode surgir como uma intuição súbita na manhã seguinte ou sob a forma de um sonho que revelará o que é melhor para você.

Você também pode recorrer ao subconsciente durante o dia. Procure relaxar o espírito, fique sozinho, feche os olhos e aquiete sua mente consciente pensando na sabedoria e no Poder Infinito do seu subconsciente, que tudo sabe e tudo vê. Não pense em nada a não ser na pergunta que está fazendo. Mantenha-se assim durante alguns minutos.

Se a resposta não surgir imediatamente, pare de tentar e volte a seus afazeres. Deixe o pedido penetrar no subconsciente, e, mais

Como o telepsiquismo revela respostas em sonhos e visões

tarde, quando você menos esperar, a resposta aparecerá diante de seus olhos.

Interpretação dos sonhos

Nossos sonhos são eminentemente pessoais; os mesmos símbolos que recebemos teriam um significado totalmente diferente se aparecessem nos sonhos de outra pessoa. Durante os sonhos, o subconsciente nos fala em linguagem simbólica. Um velho místico judeu afirmou que, à noite, a mulher (o subconsciente) fala com o marido (o consciente) e, às vezes, se queixa de que este último a está prejudicando com pensamentos negativos, temores e emoções destrutivas.

Como o telepsiquismo preveniu uma jovem e ela cancelou seus planos de casamento

Uma jovem que estava noiva e de casamento marcado veio se aconselhar comigo. Falou que se sentia muito deprimida, pois não se achava preparada para casar, mas não queria ferir os sentimentos do futuro marido.

O melhor momento para prevenir um divórcio é antes do casamento. Durante nossa conversa, ela me contou que havia sonhado a mesma coisa durante dez noites consecutivas. Ela via diante de si a imagem de um homem barbado apontando para a estrela de Davi, uma estrela de seis pontas que é o símbolo do judaísmo.

Perguntei-lhe como interpretava esse sonho. Em vez de responder, ela me disse que não frequentava mais a sinagoga. Costumava ler e estudar os Salmos de Davi, mas seu noivo era ateu e ridicularizava todos os credos religiosos.

Telepsiquismo

Expliquei-lhe que o subconsciente está profundamente interessado na autopreservação, e que sem dúvida estava tentando protegê-la por meio de uma dramatização simbólica da estrela. E acrescentei que sua própria intuição lhe revelaria o significado do sonho.

A moça rompeu o noivado e nunca mais o sonho voltou. De repente, ela teve uma profunda sensação de paz. Voltou à sinagoga, recomeçou a estudar os Salmos de Davi e rezou para que a Inteligência Infinita atraísse um homem que combinasse com ela em todos os sentidos e que tivesse uma profunda reverência pela Presença Divina em todos nós. Mais tarde, ela se casou com um homem religioso e hoje é muito feliz.

Essa moça encarou o sonho como um aviso, e tenho certeza de que sua interpretação foi correta.

A Bíblia diz:

> E, sendo por divina revelação avisados em sonhos para que não voltassem para junto de Herodes, partiram para a sua terra por outro caminho. (MATEUS, 2:12)

Como o telepsiquismo resolveu o problema de um homem

Um homem voou de Nova York para Beverly Hills para se consultar comigo. Contou-me que estava casado havia seis anos com uma mulher de Los Angeles e sabia que ela costumava assistir às minhas conferências a respeito das leis mentais e espirituais. Entretanto, de repente, cerca de um ano antes, ela havia desaparecido de casa, sem deixar nenhum bilhete ou explicação. Ele achava que talvez sua mulher fosse membro da minha organização; entretanto, eu não me lembrava do seu nome, nem ele constava em nossa lista de correspondência.

Como o telepsiquismo revela respostas em sonhos e visões

O homem, que havia investido mal o dinheiro que a mulher lhe dera, perdera 60 mil dólares. Entretanto, havia herdado recentemente uma vultosa quantia e estava em condições de refazer a vida financeira do casal. Achava que a mulher o havia abandonado por causa do dinheiro. Já havia recorrido a detetives e a parentes dela, sem nenhum resultado. E então me disse:

— Não sei por que vim falar com o senhor, mas tenho um palpite de que é a única pessoa capaz de encontrá-la. Vou deixar 10 mil dólares com o senhor; se ela aparecer, entregue-lhe o dinheiro e peça-lhe para entrar em contato comigo; eu a amo e a quero de volta. — E acrescentou: — Não se esqueça de falar da herança.

Prometi avisá-lo se a mulher me procurasse.

Dois meses se passaram e nada aconteceu; então, uma mulher telefonou de São Francisco, dizendo para minha secretária que tinha um assunto muito importante para tratar comigo e que iria voar para Beverly Hills naquela mesma manhã. Fui ao seu encontro à tarde, e ela me contou uma história fascinante.

Algumas noites antes, eu havia aparecido para ela em um sonho e dito que tinha um certo dinheiro a lhe entregar; que todo o dinheiro perdido pelo marido estava esperando por ela em sua casa em Nova York. Segundo a mulher, o sonho fora tão realista que mais parecia uma visão. Assim, não perdera tempo em me procurar.

— O Senhor citou uma frase da Bíblia — disse-me ela. E contou que ouviu minha voz dizendo:

> Em sonho ou em visão noturna, quando cai sono profundo sobre os homens, e adormecem na cama. Então o revela ao ouvido dos homens, e lhes sela a sua instrução. (JÓ, 33:15, 16)

Não me lembrava da mulher e acho que nunca tínhamos sido apresentados. Entretanto, uma noite eu havia formulado o seguinte pedido para meu subconsciente: "A Inteligência Infinita conhece o paradeiro da Sra. X e o revela à minha mente consciente. Ela entra em contato comigo. É Deus em ação."

Entreguei-lhe os 10 mil dólares e ela voltou para Nova York para se encontrar com o marido. Contou-me que o havia abandonado porque o marido demonstrara ser um irresponsável ao perder todo o dinheiro que tinham. Ela havia rezado pedindo a orientação do Poder Infinito, e aparentemente minha oração era a resposta correta para seus problemas, de modo que seu subconsciente projetou a imagem do autor com a resposta a suas preces.

Não se esqueça...

1. Os sonhos são dramatizações de nosso subconsciente. Quando estamos dormindo, nosso subconsciente está bem acordado e ativo, pois não precisa de sono. Nosso subconsciente geralmente nos fala em linguagem simbólica. Os cientistas demonstraram que os olhos se movem quando estamos sonhando. Os sonhos podem revelar as respostas para muitos dos nossos problemas.

2. Nosso subconsciente é muito suscetível a sugestões e responde de acordo com a natureza da sugestão, mesmo que seja falsa. Assim, você pode sugerir a si mesmo antes de dormir que vai sonhar com os lagos de Killarney e terá uma visão magnífica deles.

3. Freud, Adler e Jung criaram teorias diferentes com relação ao subconsciente e à interpretação dos sonhos. Neste livro,

Como o telepsiquismo revela respostas em sonhos e visões

queremos apenas mostrar que muitas pessoas que rezam para que seus problemas sejam resolvidos recebem respostas bem definidas sob a forma de sonhos simbólicos ou literais.

4. Uma professora que não se sentia contente com sua profissão sonhou que estava em um quarto cheio de belas pinturas. Atendendo à sugestão do sonho, começou a pintar com extraordinário sucesso.

5. Uma jovem não conseguia encontrar o dinheiro escondido pelo pai que havia morrido de repente. Pediu ao subconsciente para lhe revelar onde estava o dinheiro. Durante um sonho, o pai apareceu e lhe explicou minuciosamente onde o encontraria. Nosso subconsciente é imprevisível. Nunca podemos saber a forma que a resposta vai assumir. O melhor é fazer o pedido com confiança, manifestando a certeza de que haverá uma resposta. No momento em que você menos esperar, o subconsciente lhe apresentará a solução para o problema.

6. Uma das melhores ocasiões para recorrer à sabedoria do subconsciente é a hora de dormir, em que estamos mais à vontade, mais relaxados, mais tranquilos. Se você está procurando a solução para algum problema, converse com o subconsciente e afirme que a sabedoria do seu subconsciente conhece a resposta e que você tem absoluta fé na resposta; então repita a palavra *resposta* até adormecer, e seu subconsciente fará o resto. Pode usar o mesmo processo durante o dia, fechando os olhos e recitando o salmo 23. Pense na Inteligência Infinita e na sabedoria sem limites que existe dentro de você. Pense na resposta. Se não obtiver resultados imediatos, volte a seus afazeres. O subconsciente

Telepsiquismo

provavelmente lhe fornecerá a resposta quando você estiver preocupado com outra coisa.

7. Se é religioso ou está estudando assuntos espirituais, seu subconsciente, que sempre procura protegê-lo, pode apresentar uma mensagem importante para você sob a forma de um símbolo religioso. Uma moça judia que estava para se casar sonhou várias vezes com a estrela de Davi. Intuitivamente, compreendeu o significado da mensagem e desistiu do casamento. Acontecimentos subsequentes confirmaram que sua interpretação estava correta.

8. Um marido estava à procura da esposa que o havia abandonado. Foi buscar o conselheiro espiritual da esposa, que rezou pedindo que a Inteligência Infinita do subconsciente lhe revelasse o paradeiro dela. A sabedoria do subconsciente reproduziu a imagem do conselheiro espiritual, que apareceu à mulher em sonho. Ele citou um trecho da Bíblia e lhe contou que o marido a procurava. A mulher acreditou no sonho, visitou o conselheiro espiritual e tudo acabou bem.

> E disse: "Ouvi agora minhas palavras; se entre vós houver profeta, eu, o Senhor (*o subconsciente*), em visão a ele me farei conhecer, ou em sonhos falarei com ele." (NÚMEROS, 12:6)

Técnica de telepsiquismo e processos de prece — o que podem fazer por você

O DICIONÁRIO DEFINE prece como:

1. Um pedido devoto ou qualquer forma de comunhão espiritual com Deus ou outro objeto de adoração.

2. O ato ou prática de rezar a Deus ou a outro objeto de adoração.

3. Uma comunhão espiritual com Deus, como um pedido, agradecimento, adoração ou confissão.

4. A fórmula ou sequência de palavras usada para rezar, como, por exemplo, o *Pai-Nosso*.

5. Uma cerimônia religiosa, pública ou privada, que consiste total ou parcialmente de orações.

6. Um pedido ou súplica.

A verdade pura e simples é que nós é que respondemos às nossas preces. E a razão é óbvia: o que o nosso consciente realmente acredita e aceita como verdade é posto em prática pelo subconsciente, em forma, função, experiência e acontecimentos.

Telepsiquismo

Como raciocina apenas dedutivamente, o subconsciente aceita nossa convicção, seja verdadeira ou falsa. Assim, se lhe oferecemos uma sugestão falsa, ele parte de premissas errôneas e chega a uma conclusão que não está de acordo com a realidade.

Como funciona o subconsciente

Suponhamos que um psicólogo ou psicanalista o hipnotizou (nesse estado, sua mente consciente está "desligada" e seu subconsciente está extremamente receptivo a sugestões) e sugeriu que você é o presidente dos Estados Unidos. Seu subconsciente aceitaria essa informação como verdadeira. O subconsciente não é capaz de raciocinar, escolher ou diferençar como o consciente. Você assumiria todos os ares de importância e dignidade que imagina que sejam compatíveis com esse elevado cargo.

Se o hipnotizador lhe desse um copo d'água e dissesse que você estava embriagado, você desempenharia o papel de bêbado da melhor forma possível. Se tivesse contado ao psiquiatra que era alérgico a pólen, e ele colocasse um copo de água destilada debaixo do seu nariz dizendo que era pólen, você apresentaria todos os sintomas de um ataque alérgico, e as reações físicas e fisiológicas seriam condizentes com isso.

Se o hipnotizador lhe dissesse que você era um mendigo, você imediatamente assumiria uma atitude humilde.

Em resumo: através do hipnotismo, podemos fazer uma pessoa pensar que é qualquer coisa: uma estátua, um cachorro, um soldado ou um nadador; nesse estado, a pessoa representa o papel sugerido da melhor forma possível, dentro dos limites de seus conhecimentos. Outro ponto importante a lembrar é que o subconsciente sempre aceita a ideia dominante, isto é, aceita nossa convicção sem questioná-la, seja ela falsa ou verdadeira.

Por que o pensador científico não precisa suplicar para que seu desejo seja satisfeito

O pensador moderno, esclarecido, científico, sabe que Deus é a Inteligência Infinita de seu subconsciente. Não importa que diferentes psicólogos chamem o subconsciente de superconsciente, inconsciente ou mente subjetiva, ou que diferentes povos chamem a Inteligência Suprema de Alá, Brama, Jeová, Espírito ou Olho Que Tudo Vê.

Todos os poderes de Deus estão em nós. Entretanto, Deus é Espírito, e um espírito não tem forma; para ele não existe tempo nem espaço, e ele vive eternamente. Esse Espírito habita o corpo de todos os homens. É por isso que São Paulo diz: "[...] que despertes o dom de Deus que existe em ti [...]" (2 TIMÓTEO, 1:6). A Bíblia também diz: "Eis que o reino de Deus está entre vós" (LUCAS, 17:21).

E é verdade, Deus está em nossos pensamentos, em nossos sentimentos, em nossa imaginação. Em outras palavras, nossa parte invisível é Deus. Ele é o Princípio da Vida que existe em todos nós: amor sem limites, harmonia absoluta, Inteligência Infinita. Sabendo que você pode se comunicar com esse poder invisível através do pensamento, não há motivo para que continue a misturar suas preces com a aura de mistério, superstição e dúvida que muitas vezes as envolvem. A Bíblia nos diz que "[...] e o Verbo era Deus" (JOÃO, 1:1).

Nossas palavras são a expressão de nossos pensamentos. De acordo com o que já vimos neste capítulo, todo pensamento é criador e tende a se manifestar em nossa vida de acordo com sua natureza. É evidente que sempre que entramos em contato com esse poder criador entramos em contato com Deus, pois existe apenas um Poder Criador — não dois, três ou mil, mas apenas um... "Ouve, Israel (homem iluminado e esclarecido), o Senhor (o Poder

Superior) nosso Deus é o único Senhor (único Poder, Presença, Causa e Substância)" (MARCOS, 12:29).

Já no Antigo Testamento, a Bíblia dizia:

> E será que antes que clamem eu responderei; estando
> eles ainda falando, eu os ouvirei. (ISAÍAS, 65:24)

É por isso que o pensador científico, que conhece as leis da sua própria mente, considera absurdo, tolo e inútil suplicar por alguma coisa que já se tem. Em outras palavras, antes que você precise de solução para um problema de astrofísica, química, relações humanas, solidão, doença ou pobreza, a resposta para qualquer problema passado, presente ou futuro já está à sua espera, pelo simples motivo de que a Inteligência Infinita do seu subconsciente conhece todas as respostas.

Tudo isso não passa de bom senso. A Inteligência Infinita do nosso subconsciente é onisciente, onipresente, e foi essa Inteligência que criou todo o Universo. Tendo criado todas as coisas, até mesmo todos os homens e todas as galáxias do Universo, como a Inteligência Suprema poderia desconhecer uma resposta? Na realidade, a sabedoria do nosso subconsciente conhece apenas as respostas, pois não tem problemas. Pense por um momento: Se a Inteligência Infinita tivesse um problema, quem o resolveria?

Fui salvo pelo anjo da guarda

Quando pequeno, minha mãe me disse que eu tinha um anjo da guarda que sempre velaria por mim e que o anjo acorreria em meu auxílio sempre que eu estivesse em dificuldades. Como todas as crianças, acreditava em tudo que meus pais me diziam.

Técnica de telepsiquismo e processos de prece

Uma vez, acompanhado por outros meninos, fiquei irremediavelmente perdido em uma floresta. Mas não senti muito medo; assegurei aos outros que meu anjo da guarda nos mostraria o caminho. Alguns de meus companheiros riram e ridicularizaram a ideia; outros me seguiram. Alguma coisa em mim fez com que eu me encaminhasse em uma dada direção, até finalmente encontrarmos um caçador, que nos salvou. Os meninos que se recusaram a nos acompanhar nunca foram encontrados.

Não existe nenhum anjo da guarda com asas velando por ninguém. Minha crença cega em um anjo da guarda fez o meu subconsciente reagir a seu modo, obrigando-me a caminhar em uma certa direção. O subconsciente também sabia onde estava o caçador e guiou nossos passos naquela direção.

A Bíblia diz:

> Pô-lo-ei em retiro alto, porque conheceu meu nome. Ele me invocará, e eu lhe responderei; estarei com ele na angústia; dela o retirarei, e o glorificarei. (SALMOS 91:14, 15)

O nome significa a natureza da Inteligência Infinita da mente subjetiva. A expressão mente subjetiva e a palavra subconsciente são sinônimas. A natureza da Inteligência Infinita que existe em nós é que responde à natureza de nosso chamado.

Se você estiver perdido na selva, não dispuser de uma bússola e não tiver a menor ideia de onde está o Cruzeiro do Sul, em outras palavras, se não tiver o menor senso de direção, lembre-se de que a Inteligência Criadora do seu subconsciente criou o Universo e todas as coisas que ele contém, e portanto não precisa de uma bússola para achar o caminho certo. Se você não reconhece a sabedoria que existe dentro de si, é como se ela não existisse.

Telepsiquismo

Suponhamos que você receba em casa uma pessoa muito ignorante, que nunca viu uma torneira nem um interruptor, e a deixe sozinha lá durante uma semana. A pessoa morreria de sede e ficaria no escuro, com a água e a luz ao alcance das mãos. Milhões de pessoas em todo o mundo são como essa. Não compreendem que a resposta está a sua espera para qualquer que seja o problema que as atormente; basta recorrerem ao subconsciente com fé e confiança que encontrarão a solução.

As experiências compensadoras da prece científica

A palavra *prece* tem uma variedade tão grande de significados que neste livro o autor se sente obrigado a explicar seu processo nos termos mais simples possíveis.

Encontrei muitas pessoas, em várias partes do mundo, ainda presas a velhas ideias de que nenhum rapaz moderno, atualizado seria capaz de aceitar antigos rituais e cerimônias, pois não poderiam ser levados a sério por uma pessoa inteligente. Não se prive dos enormes benefícios que a verdadeira prece é capaz de lhe trazer por causa de preconceitos de infância.

Como um rapaz se tornou piloto comercial

O que se segue foi tirado da carta de um rapaz que achava que tudo estava contra ele e me pediu para incluir a carta neste livro, achando que talvez ajude outras pessoas na mesma situação.

Este caso aconteceu comigo. Talvez o senhor possa usar parte de minha carta para ajudar outras pessoas. Eu sempre quis ser piloto comercial. Há alguns anos, usei as leis da mente para conseguir tempo e dinheiro

Técnica de telepsiquismo e processos de prece

para estudar. Quando já dispunha de treinamento suficiente para fazer o exame, meu país entrou em recessão. Todas as linhas aéreas dispensaram muitos pilotos. Descuidei-me da busca da Verdade. Quando houve necessidade de novos pilotos, eu estava despreparado.

Havia 2.500 candidatos para dez vagas, 90% dos quais tinham mais experiência do que eu. Certo domingo, um senhor afirmou em uma de suas palestras: "Precisamos chegar a uma decisão quanto ao que queremos e agir de acordo." Enquanto eu estava indo para o trabalho ou voltando para casa, passei a imaginar-me usando um uniforme de piloto; em vez de estar indo para meu emprego, eu pensava que estava indo para o aeroporto, para tomar um avião ou assistir a uma aula de pilotagem. Eu sentia que era ESPERADO nesses lugares e não podia chegar atrasado. A porta não estava fechada para mim, todos estavam ESPERANDO que eu mesmo a abrisse e passasse para o outro lado.

Depois de três semanas de concentração, o chefe de pessoal me chamou para uma entrevista. Contou-me que haviam preenchido todas as vagas, mas que um dos candidatos havia desistido um dia antes de começar o curso de aperfeiçoamento. Meus papéis foram processados em tempo recorde. Disseram-me que eu era a solução perfeita para o problema e me agradeceram muito.

Esse rapaz, que tem apenas 21 anos, sabe que qualquer coisa em que ele acredite com convicção passará para o subconsciente e se tornará realidade. Isso é rezar *de verdade*.

Não reze para um deus no céu

O pensador científico sabe que Deus, ou a Inteligência Criadora do subconsciente, responde de acordo com nossas crenças. Ele sabe que existem leis que governam a operação de todo o Cosmo e que, como disse Emerson, "nada acontece por acaso, tudo tem um motivo". Assim, se sua prece é atendida, deve ser atendida de acordo com as leis de sua própria mente.

O Espírito Vivo que existe em você não suspende as leis da vida para favorecer alguém por causa de sua santidade ou filiação religiosa. As leis da vida não variam; nem estamos lidando com alguma forma de capricho ou favoritismo, pois "[...] Deus não faz acepção de pessoas" (ATOS, 10:34). Você está lidando com uma lei universal que recebe seus pensamentos e crenças, e age de acordo; se você impressiona negativamente seu subconsciente, os resultados são negativos; se você impressiona seu subconsciente construtivamente, os resultados são construtivos.

Só existe um poder

A verdade mais importante na vida é que só existe um poder, o qual é onipresente, e portanto tem que estar em cada um de nós, é a nossa própria vida. Quando o usamos construtiva e harmoniosamente, de acordo com sua natureza, chamamos esse poder de Deus ou de Bem. Quando o usamos de forma negativa e destrutiva, chamamos esse poder de demônio, satã, mal, inferno, azar etc.

Seja honesto com você mesmo e faça a seguinte pergunta: "Como estou usando meu poder?" E você terá a resposta para qualquer problema. É muito simples.

Existem muitas maneiras de rezar

Se alguém me perguntasse como é que rezo, responderia que, para mim, rezar é contemplar as certezas eternas ou verdades do Infinito do ponto de vista mais elevado possível. Essas verdades nunca mudam; são as mesmas ontem, hoje e sempre.

Como um marinheiro rezou e foi salvo

No ano passado fiz uma série de conferências em um navio que ia para o Alasca. Conversando com um dos marinheiros, ele me contou que na Segunda Guerra Mundial seu navio havia sido torpedeado e que todos os tripulantes morreram, exceto ele. Encontrava-se sozinho em uma balsa, em alto-mar, e seu pensamento se voltou para Deus. O homem não conhecia as leis da mente, mas em seu desespero começou a repetir, sem cessar: "Deus me salve", até ficar inconsciente. Quando acordou, estava a bordo de um cruzador inglês. Mais tarde, o capitão desse navio lhe contou que havia sentido uma vontade irresistível de mudar de curso; sendo que o náufrago foi avistado pelo marujo de vigia.

A prece do marinheiro foi dirigida para um Deus que ele acreditava estar lá em cima, em algum lugar; uma espécie de ser antropomórfico, e que poderia ou não escutar suas súplicas. Mas ele tinha uma grande fé em Deus e não deixou de confiar n'Ele. Assim, essa confiança cega passou para o subconsciente, que reagiu à altura, salvando-o.

Para encarar o ocorrido do ponto de vista das leis mentais e espirituais, o subconsciente do marinheiro sabia onde estava o navio mais próximo e agiu sobre a mente do capitão, forçando-o a mudar o curso de forma a passar por onde ele se encontrava.

Telepsiquismo

Para o subconsciente não existe tempo nem espaço; seu poder é sem limites. Na verdade, todos os atributos, qualidades e potencialidades de Deus estão em nosso subconsciente, mente subjetiva ou qualquer outro nome que queiramos lhe atribuir. Alguns o chamam de Sabedoria Interior, Mente Universal, Princípio da Vida, Mente Subliminar ou Mente Superconsciente. Na realidade, não há um nome. Tudo o que você precisa saber é que existe uma sabedoria e uma inteligência infinitas dentro de você muito superiores a seu intelecto, a seu ego e a seus cinco sentidos, sempre respondendo a seu reconhecimento, fé e confiança. No caso do marinheiro, ele colocou toda sua esperança em Deus, acreditando que seria salvo, não importando o que acontecesse. Essa crença penetrou no seu subconsciente, que respondeu à altura.

E Jesus disse-lhe: Se tu podes crer, tudo é possível ao que crê. (MARCOS, 9:23)

Por que a oração de súplica em geral é errada

É errada porque: "E será que antes que clamem eu responderei; estando eles ainda falando, eu os ouvirei" (ISAÍAS, 65:24). Tudo que você procura está a seu alcance, porque existe um Infinito em você. A solução, a resposta, a cura, o amor, a paz, a harmonia, a alegria, a sabedoria, o poder, a força, tudo isso e muito mais está dentro de você, só esperando seu chamado.

A paz é sua. O amor é seu. A alegria é sua. A harmonia é sua. A riqueza é sua. A retidão é sua. A saúde é sua. Sua é a solução para qualquer problema, presente ou futuro. As ideias criadoras de seu subconsciente são ilimitadas. Basta você sentir, saber e acreditar que a resposta é sua, e a solução logo virá. Todo o Universo existe na Mente Infinita sob a forma de ideias, imagens, arquétipos ou configurações mentais; basta você identificar o que procura e reclamar o que lhe cabe de direito. Isto é rezar cientificamente. Quando você pede e suplica, está admitindo que não tem o que deseja, e seu senso de perda atrai mais ainda as perdas e limitações.

O Deus ao qual você está suplicando já lhe deu tudo. Você é livre para se apropriar do que quiser. Alegre-se e agradeça ao Poder Superior, certo de que, ao contemplar seu desejo, ideia, plano ou objetivo, o subconsciente se encarregará de torná-lo realidade. Seja um bom recebedor. Os presentes de Deus foram oferecidos a você desde o início dos tempos. Por que não aceitá-los agora? Por que esperar? Tudo que você deseja está a seu alcance.

Todas as coisas existem como ideias no Infinito e há uma configuração mental atrás de cada ser do Universo. Suponha que um terrível desastre destruísse todos os motores do mundo; os engenheiros poderiam tornar a produzi-los nas linhas de montagem, pois tudo que vemos no mundo saiu da mente de pessoas ou da mente do Infinito. A ideia, desejo ou invenção que existe em sua mente é tão real quanto sua mão. Alimente-a com fé e confiança, e ela será transferida para o universo material.

Onde está Deus?

Deus é Espírito, e o Espírito é onipresente. Assim, Deus mora em você e em todos os indivíduos.

> Porque vós sois o templo do Deus vivente, como Deus disse: Neles habitarei, e entre eles andarei; e eu serei o seu Deus e eles serão o meu povo. (2 CORÍNTIOS, 6:16)

Eis que estou à porta, e bato; se alguém ouvir a minha voz, e abrir a porta, entrarei em sua casa, e com ele cearei, e ele comigo. (APOCALIPSE, 3:20)

Essas citações mostram a intimidade da prece quando você realmente mantém um diálogo ou comunhão com o Eu Superior. Você não está do lado de fora, suplicando a uma divindade distante que pode ou não responder à sua prece. Você sabe que sua oração já foi respondida, mas precisa reconhecer, fazer contato, aceitar completamente para que a resposta venha para si.

A Inteligência Suprema, ou o Princípio da Vida em seu subconsciente está sempre batendo à porta de seu coração. Por exemplo: se você ficar doente, o Princípio da Vida insistirá para que fique bom. Dirá para você: "Levante-se; preciso de você." Abra a porta de seu coração e afirme com confiança:

Eu sei e acredito que a Presença Infinita que me criou pode me curar. Reclamo a integridade, a vitalidade e a perfeição a que tenho direito. A Inteligência Infinita em meu subconsciente está batendo à porta de meu coração, lembrando-me de que a cura está dentro de mim. Minha mente está aberta e receptiva à Sabedoria Infinita. Agradeço a solução que chega claramente à minha mente consciente.

Deus é a sabedoria e o poder universal a que todos os homens têm acesso, independentemente de credo ou de cor. Deus responde ao ateu da mesma forma que responde ao santo; basta crer.

Tudo é possível ao que crê. (MARCOS, 9:23)

Deus é uma pessoa ou um princípio?

Pensar em Deus como um ser antropomórfico ou como uma espécie de homem poderoso, com todos os caprichos, excentricidades e peculiaridades do homem é uma infantilidade neurótica e um absurdo total. Deus é pessoal para você no seguinte sentido: nesse exato instante, você é capaz de contemplar o amor, a paz, a harmonia, a alegria, a beleza, a sabedoria e o poder, e começará a exprimir essas qualidades porque nos tornamos o que contemplamos. Assim, você terá personalizado ou individualizado as qualidades de Deus. Deus é amor sem limites, harmonia absoluta, alegria total, sabedoria ilimitada, inteligência suprema e vida infinita, é onipresença e onipotência. Deus é também justiça, pois este é um Universo de ordem e justiça.

Todos os elementos da personalidade provêm do Ser Infinito que existe em você, e, quando você estiver contemplando as qualidades de Deus, estará desenvolvendo uma maravilhosa personalidade.

Você, ao mesmo tempo, estará fazendo funcionar a lei de Deus ou a lei do subconsciente, pois tudo que desejamos, acreditamos ou pensamos passa para nosso subconsciente, que reage de acordo com as impressões que recebe. Não podemos aperfeiçoar nossa personalidade sem usar a lei de Deus, porque essa lei diz que nossos pensamentos e sentimentos criam nosso destino e que nos tornamos o que contemplamos.

Deus é tudo que existe, em tudo, acima de tudo. Não faça mais rodeios. Reconheça que Deus é a lei e a personalidade. Estas são as duas colunas mencionadas na Bíblia.

> Depois levantou as colunas no pórtico do templo; e levantando a coluna direita, pôs-lhe o nome de Jaquim

(a lei); e levantando a coluna da esquerda, pôs-lhe o nome de Boaz (personalidade). (1 REIS, 7:21)

Muita gente me diz: "Não posso rezar para um princípio." Parece que essas pessoas precisam de um velho no céu para confortá-las, perdoá-las e tomar conta delas como um pai humano. Essa atitude é extremamente primitiva e infantil. Lembre-se de que a principal característica da Inteligência Infinita que existe dentro de você é a acessibilidade; quando você recorre a essa inteligência com confiança, corporifica-se seu ideal.

Você não pode desenvolver uma personalidade equilibrada sem usar a lei da mente. Precisa estabelecer o equivalente mental de tudo o que deseja ser, fazer ou possuir. Uma atitude infantil ou um sentimentalismo piegas em relação a uma divindade distante só podem levar à neurose e à confusão.

"De sorte que o cumprimento da lei é o amor" (ROMANOS, 13:10). Deus se tornará cada vez mais íntimo se você encher sistematicamente sua alma de amor e alegria, paz e harmonia; e, tendo acumulado essas qualidades, você terá forçosamente que exprimi-las. Deus é amor, e a melhor coisa que você pode fazer é parar de rogar, pedir e suplicar o que já possui.

A prece afirmativa

De acordo com essa técnica que milhões de pessoas já estão utilizando, não pedimos nada a Deus; em vez disso, lembramos as grandes verdades que nunca falham, como "O Senhor é meu pastor, nada me faltará" (SALMOS 23:1), que significa que nunca faltarão provas do fato de que escolhemos o Poder Supremo, ou Deus, para guiar-nos, proteger-nos e sustentar-nos, porque sabemos que a palavra *pastor* simboliza nossa confiança no amor e na orientação de Deus, que nos levará para verdes pastagens (abundância) e águas tranquilas (paz de espírito). Isso é rezar.

A prece de invocação

Quando você invocar com confiança a bênção, proteção e orientação do Infinito, sua prece será atendida. Santo Agostinho, quando o inimigo estava atacando a cidade de Hippo, da qual era bispo, encontrou conforto, paz e proteção na seguinte prece de invocação, que saiu de seu coração:

> Deixai minha alma encontrar refúgio no turbilhão de pensamentos mundanos sob vossas asas; deixai meu coração, este mar de ondas turbulentas, encontrar a paz em vós, ó Deus.

Depois de rezar, ele foi dormir e sua alma encontrou a paz.

Não se esqueça...

1. Nós é que respondemos às nossas preces. Isso porque o que nosso consciente aceita como verdade é posto em prática pelo subconsciente, mesmo que seja falso. Assim, por exemplo, se um estudante tem certeza de que vai ser reprovado em um exame, seu subconsciente não terá outra saída senão obrigá-lo a fracassar, por mais que se esforce para ser bem--sucedido.

2. Quando somos hipnotizados e nosso consciente é "desligado", nosso subconsciente fica extremamente suscetível às suges-

Telepsiquismo

tões do hipnotizador; por mais estranha ou falsa que seja uma sugestão, nosso subconsciente a aceita e procura interpretá-la ao pé da letra. Nosso subconsciente não raciocina, não pesa os fatos, não investiga nem diferencia. O mecanismo do subconsciente é apenas dedutivo; se o consciente lhe oferece uma premissa falsa, o subconsciente se encarrega de dramatizar uma resposta correspondente com surpreendente rapidez e sagacidade. Assim, alimente o subconsciente apenas com premissas verdadeiras, honestas, nobres e elevadas.

3. Deus é o criador, ou Inteligência Infinita, em seu subconsciente, e responde a você de acordo com o que você acredita. Qualquer ideia que envolve de emoção é impressa no subconsciente, e tudo que é impresso no subconsciente (bom ou mau) se transforma em realidade objetiva. É por isso que respondemos às nossas preces. Se acreditamos que não podemos ser curados ou que não há saída para nosso dilema, nosso subconsciente responde de acordo e, portanto, mesmo nesse caso, nossa "prece" é atendida. Na verdade, todas as preces são atendidas; uma prece não atendida é uma contradição.

   E, tudo o que pedirdes em oração, crendo, recebereis.
   (MATEUS, 21:22)

4. A resposta a qualquer pergunta está dentro de você, antes mesmo que pergunte. Para receber essa resposta, basta que reconheça o Poder Infinito de seu subconsciente. Assim, quando você pedir uma solução, espere uma resposta, e de acordo com sua fé ela lhe será dada. A Presença Infinita de seu subconsciente, que criou o Universo e todas as coisas, tudo sabe, tudo vê e tudo pode fazer. Pedir e suplicar é ad-

Técnica de telepsiquismo e processos de prece

mitir que você não tem. Com isso, você está admitindo uma fraqueza e limitação e inevitavelmente atrairá ainda mais prejuízos e misérias, porque o subconsciente amplifica tudo o que recebe. A ideia, desejo, imagem mental, invenção, peça, livro, seja qual for a realidade de sua mente, é tão real quanto sua mão. Alimente seu desejo com fé e confiança.

5. Se você acredita cegamente em um anjo da guarda, seu subconsciente responderá com uma voz interior ou impulso, tal como a vontade de tomar uma certa direção, uma espécie de palpite irresistível. O anjo é a ideia que emerge de seu subconsciente e resolve seus problemas. Mesmo que o objeto de sua fé seja falso, seu subconsciente reagirá de acordo com sua crença.

6. Se você não reconhece a sabedoria, poder e inteligência de seu subconsciente, é como se ele não existisse. Nas palavras de São Paulo: "[...] despertes o dom de Deus que existe em ti [...]." (2 TIMÓTEO, 1:6)

7. Um rapaz com pouca experiência que queria ser piloto comercial competiu com 2.500 candidatos que sabiam mais do que ele. Imaginou-se usando o uniforme de piloto. Viu-se pilotando um avião. Manteve essas imagens vívidas no consciente, e o subconsciente recebeu seus pensamentos; contra todas as probabilidades, foi escolhido para uma das dez vagas. Esse rapaz sabia como funciona o subconsciente.

8. Deus é justo, e as leis da mente e do Universo são constantes e invariáveis. É uma infantilidade, uma tolice e um absurdo pensar que se você pedir e suplicar a um Deus no céu, as leis da mente e do Universo serão suspensas para favorecê-lo. Só você mesmo pode responder a suas orações. Seu subcons-

Telepsiquismo

ciente reage a seus pensamentos e responde de acordo com a natureza de suas imagens mentais.

9. Só existe um poder no Universo, não dois, três ou mil; apenas um. Quando usamos esse poder de forma construtiva, esse poder é chamado de Deus; quando usamos de forma negativa ou destrutiva, é chamado de demônio, inferno, azar etc.

10. As pessoas rezam de muitos modos. Considere a prece como a contemplação das verdades de Deus do ponto de vista mais elevado. Quando enchemos nossa mente com as verdades de Deus, que são imutáveis, neutralizamos e obliteramos as imagens negativas em nosso subconsciente. Somos o que contemplamos. Tudo o que acreditamos com confiança é transformado em realidade objetiva pelo subconsciente. Isso é rezar de verdade.

11. Muitos homens que não conhecem o verdadeiro significado da oração e que têm ideias infantis, grotescas e errôneas a respeito de Deus suplicam a Ele para que os salve; e muitos que acreditam sinceramente que algum Deus no céu vai salvá-los são realmente salvos. Isso porque, mesmo que o objeto de nossa crença seja falso, conseguimos os mesmos resultados, pois o subconsciente não põe em dúvida as informações recebidas.

12. Pedir e suplicar a uma divindade é admitir que você não tem o que quer, e essa atitude atrai mais necessidades e limitações; assim, você recebe o contrário do que deseja. A Bíblia diz: "Todas as coisas que pedirdes, orando, crede receber, e tê-las-eis." (MARCOS, 11:24) Você acredita que o carvalho está na bolota, mas precisa plantar a semente; da mesma forma, seja qual for seu problema, por mais difícil que pa-

Técnica de telepsiquismo e processos de prece

reça, a resposta está na forma de um desejo. Seu desejo é a semente, que tem sua própria matemática, mecânica e forma de expressão. Seu desejo é tão real quanto sua mão, e é tão real em sua mente como a ideia de um rádio. Acredite que a Inteligência Infinita em seu subconsciente, o único poder criador, pode realizar seu desejo. Acredite na realidade da sua ideia; alimente-a com fé e confiança e, então, como uma semente que é regada e fertilizada no solo, ela crescerá e dará os frutos da prece atendida. É por isso que você pode acreditar que seus desejos já foram satisfeitos; em sua mente, tudo o que você quer já é uma realidade.

13. Você é o templo do Deus Vivo. Deus é o Espírito Vivo que habita em nós, e é através de nossa mente que podemos conversar com o único poder criador existente. O único poder imaterial que conhecemos é o nosso pensamento. Ele é criador e temos consciência do que estamos criando. O Princípio da Vida que existe em nós está sempre batendo à porta do nosso coração, dizendo: "Levante-se, supere-se, cresça, avance, abra todas as portas." Se você reconhecer essa verdade, estará no caminho da felicidade, da liberdade e da paz de espírito.

14. Deus (Espírito) tem todos os elementos da personalidade, como livre-arbítrio, amor, paz, harmonia, alegria, beleza, poder, força, sabedoria e inteligência. Deus também é Justiça. Não pode haver paz sem ordem. Como você poderia desenvolver uma personalidade equilibrada sem praticar, desejar e transferir para o subconsciente todos os atributos, qualidades e potencialidades de Deus? Você é o que deseja ser. Em outras palavras, você é quem se incorpora ao subconsciente. Uma atitude sentimentalista e piegas com relação a uma

divindade leva apenas à confusão, à neurose e à decepção. A lei e a personalidade são uma coisa só. Para que o Poder Universal possa agir por meio de um indivíduo, primeiro Ele precisa se tornar o indivíduo. Se você contemplar em espírito as verdades de Deus, então Deus assumirá para você um papel muito pessoal. Mas Deus não é uma pessoa, se por pessoa você quer dizer um velho barbado sentado em um trono, ideia que seria ridiculamente infantil.

15. Você pode afirmar certas verdades importantes, e, por meio da repetição, da fé e da confiança chegar a aceitá-las de todo coração. Assim, sua prece afirmativa sempre trará resultados. Tudo que você está fazendo é convencer a si mesmo de que o que está afirmando é verdade, e depois de um certo tempo começará a perceber que três e três são seis, e não sete; então tudo acabará bem. A Prece de Invocação de Santo Agostinho, que sempre dava resultado, era a seguinte:

> Deixai minha alma encontrar refúgio do turbilhão de pensamentos mundanos sob vossas asas; deixai meu coração, este mar de ondas turbulentas, encontrar a paz em vós, ó Deus.

Como usar o telepsiquismo na oração que nunca falha

MUITA GENTE JÁ se queixou comigo da seguinte forma: "Desejei de todo coração muitas coisas que nunca aconteceram. De nada adiantaram minhas orações. Por quê?" A resposta é simples: tudo depende da fé.

O que é a fé?

A fé de que falamos neste livro não tem nada a ver com dogmas, tradições, rituais, cerimônias ou religiões. Considere a fé como uma atitude mental, um certo modo de pensar. A fé é uma potencialidade consciente pela qual se sabe que qualquer ideia em que você acredita com convicção passa para o subconsciente, e, sempre que você consegue transferir para o subconsciente uma certa ideia, plano ou objetivo, o subconsciente se encarrega de transformá-la em realidade objetiva. O subconsciente é o poder criador que existe dentro de nós. O consciente é capaz de escolher, mas não de criar. Na verdade, somos a soma de nossas opções. A maioria das pessoas não percebe esse fato. A fé é, portanto, um modo de pensar, uma maneira de acreditar, uma aceitação mental.

Um químico tem fé nas leis da química, nas quais pode confiar; um fazendeiro tem fé nas leis da agricultura; um engenheiro tem fé nas leis da física. Da mesma forma, precisamos aprender a ter

Telepsiquismo

fé nas leis da mente, aprendendo como funcionam o consciente e o subconsciente, e interação entre eles.

O voto de fé e como usá-lo

O voto de fé pode ser considerado uma convicção mental ou espiritual de que existe uma Inteligência Infinita em nosso subconsciente, manifestando-se de acordo com nossas ideias conscientes.

A Bíblia diz:

> Seja-vos feito segundo a vossa fé! (MATEUS, 9:29)

> Tudo é possível ao que crê. (MARCOS, 9:23)

Isso significa que a sabedoria e o poder do nosso subconsciente operam de acordo com o grau de nossa fé. Ter fé é acreditar sinceramente em alguma coisa.

Por que algumas preces são atendidas e outras não

— As preces de minha mulher são sempre atendidas; as minhas, não. Por quê? — perguntou-me um homem. E acrescentou que acreditava que Deus estava se recusando a atendê-lo por algum motivo.

Minha explicação, entretanto, foi a seguinte: Deus não protege ninguém. Qualquer um pode aprender a usar as leis da natureza, contanto que disponha dos conhecimentos necessários.

Um assassino ou ateu pode aprender as leis da eletricidade e usar esses conhecimentos para projetar a instalação elétrica de uma casa e fazê-la funcionar; da mesma forma, pode aprender as leis da navegação ou qualquer outra lei e aplicá-la de acordo com sua natureza. Um ateu pode receber uma resposta do subconsciente tão bem quanto um santo; basta que acredite sinceramente que vai receber uma resposta.

Um astronauta que nega a existência da Presença Divina pode chegar a Marte, Vênus e outros planetas, contanto que sua fé e confiança sejam suficientes. Tudo aquilo de que precisar saber será fornecido pelo subconsciente, que responde à fé e à convicção do consciente.

Pensar que Deus, ou Inteligência Infinita, atende a alguns homens e mulheres por causa da capacidade de persuasão religiosa dessas pessoas seria atribuir a Deus as peculiaridades, idiossincrasias e inconsistências da mente humana. Deus, ou o Poder Criador, já existia muito antes de qualquer igreja. Foi o indivíduo que inventou as várias seitas religiosas, os diversos cultos, dogmas e rituais. Deus é o mesmo ontem, hoje e sempre. É tolice pensar que Deus atende a algumas pessoas e se recusa a atender a outras. Isso seria uma forma de favoritismo, o que é totalmente absurdo em se tratando de Deus.

Vai, e como creste te seja feito [...]. (MATEUS, 8:13)

Essa frase bíblica se refere à lei de causa e efeito, que é uma lei cósmica e universal, e certamente não favorece ninguém. A causa é a fé do nosso consciente, e o efeito é a resposta do subconsciente.

Ele estava negando inconscientemente o que afirmava

Esse homem que mencionei estava pedindo riquezas. Costumava rezar da seguinte forma: "Deus é um manancial inesgotável, e

Sua riqueza está entrando em minha vida." Mas ele admitiu que no fundo do coração não acreditava no que estava dizendo. Em outras palavras, sua afirmação consciente era negada por uma descrença inconsciente.

Por outro lado, a crença de sua esposa era muito mais profunda; ela realmente acreditava no que afirmava. É por isso que suas preces eram atendidas.

Como ele passou a crer

Esse homem aprendeu uma verdade bem simples: o pensamento se transforma em realidade da mesma forma que uma semente se transforma em uma planta. Suas dúvidas subconscientes foram dissipadas por uma repetição constante da verdade no consciente. Ele percebeu que a riqueza é uma imagem mental e que todas as coisas provêm da mente invisível do homem (Deus). Esta nova visão das coisas lhe infundiu nova fé e confiança.

Ele percebeu claramente que uma gota de água limpa caindo constantemente em uma garrafa de água suja acaba por resultar em uma garrafa cheia de água limpa. Repetição é a chave. Uma crença falsa, que o próprio homem reconhecia ser falsa, foi demolida pela repetição da ideia de riquezas circulando em sua vida de forma livre, fácil e permanente.

Para ele, a princípio, era uma afirmação puramente intelectual, sem nenhuma participação das emoções ou sentimentos; entretanto, quando continuou a repetir a afirmação de que: "a riqueza está circulando em minha vida e há sempre um excesso", com o desejo sincero de acreditar nela, chegou o momento em que a última resistência cessou, da mesma forma que o constante influxo de água limpa acaba por remover a última gota de água suja da garrafa.

Quando a prece deixa de ser verdadeira

Recentemente, uma mulher me escreveu dizendo que precisava de 6 mil dólares até o dia 15 do mês seguinte; de outra forma, não conseguiria pagar uma hipoteca e perderia sua casa. Acrescentou que estava rezando muito para receber o dinheiro de alguma forma, mas até o momento os resultados eram nulos.

Essa mulher estava ansiosa, tensa, preocupada e cheia de medo. Expliquei-lhe que sua atitude mental só poderia atrair mais perdas, limitações e obstáculos de todos os tipos.

Como disse Jó: "Porque aquilo que temia me sobreveio [...]." (JÓ, 3:25)

A Bíblia fornece a resposta certa para o medo e a ansiedade quando afirma:

No sossego e na confiança estaria a vossa força [...].
(ISAÍAS, 30:15)

Assim, por minha sugestão, ela começou a recordar algumas das grandes verdades que conhecia de perto, mas que parecia haver esquecido. Ela começou a afirmar conscientemente o seguinte:

[...] mas a Deus tudo é possível. (MATEUS, 19:26)

E será que, antes que chamem, eu responderei; estando eles ainda falando, eu os ouvirei. (ISAÍAS, 65:24)

Seja-vos feito segundo a vossa fé. (MATEUS, 9:29)

Tudo é possível ao que crê. (MARCOS, 9:23)

Telepsiquismo

> Ele me invocará, e eu lhe responderei; estarei com ele na angústia; dela o retirarei, e o glorificarei. (SALMOS 91:15)

> Levantarei os meus olhos para os montes, de onde vem o meu socorro. (SALMOS 121:1)

> Tudo está pronto se a mente está pronta. (SHAKESPEARE)

> O Senhor é a minha luz e a minha salvação; a quem temerei? (SALMOS 27:1)

Ela parou de pensar no dinheiro e no prazo fatal e passou a meditar sobre essas verdades eternas, reconhecendo que quando a mente está em paz, a solução é fácil de encontrar. Manteve-se ligada ao Infinito, sabendo que Deus atende a todas as nossas necessidades e é nossa fonte perpétua de alegria e bem-estar.

Lembrei-lhe de que, se sua mente estivesse em paz e se ela manifestasse uma indiferença Divina, seu problema certamente seria resolvido. Indiferença Divina é quando você tem certeza de que sua prece não pode falhar, da mesma forma que está absolutamente seguro de que o Sol se levantará pela manhã. Você não sabe quando virá a resposta, nem qual a forma que vai assumir. Não se incomoda com isso, pois tem certeza de que tudo acabará bem, muito bem.

A mulher acalmou a mente pensando nas verdades eternas. No final de semana, encontrou um velho colega de escola no armazém local. Era viúvo e ela também. Ele propôs casamento, ela aceitou, e o homem pagou a hipoteca. A mulher não perdeu a casa e ganhou um marido. Seu subconsciente havia recebido e amplificado o bem que havia recebido.

O medo e a preocupação atraem infortúnios. A fé e a confiança nas leis da mente atraem todas as bênçãos da vida. Quando você estiver em dificuldades financeiras, lembre-se de que uma atitude de tensão, medo e ansiedade só produz mais prejuízos. Volte-se para a Fonte de todas as bênçãos. Identifique-se com o Infinito e procure a paz, a harmonia, a correção e a abundância. Mantenha o contato, e as sombras se dissiparão ao raiar do dia.

Ela tinha certeza absoluta de que o contrato estava garantido

Uma atriz me contou que tinha certeza de que iria conseguir o contrato que desejava, porque havia recebido um telefonema de Nova York para voar até lá e assiná-lo. Quando chegou àquela cidade, soube que o homem que lhe daria o contrato havia morrido durante a noite. Ela voltou desapontada e deprimida. Expliquei-lhe que a única coisa garantida é que Deus é Deus e que as Leis do Universo são sempre as mesmas, ontem, hoje e sempre. Deus e suas leis são constantes e invariáveis. Expliquei-lhe ainda que não era ela que controlava o Universo e que não tinha nenhum poder sobre a vida das pessoas, e que, se o homem que iria dar-lhe o contrato estava no ponto de transição, ela não tinha nada a ver com isso, mas podia estar absolutamente certa de que Deus é Deus — onipotente, eterno e imutável.

O telepsiquismo em ação

Ela mudou de atitude e percebeu que a Inteligência Infinita do subconsciente sempre realiza nossos desejos, mas nem sempre da forma que esperamos. E afirmou tranquilamente:

Telepsiquismo

> Sei que a Inteligência Infinita de meu subconsciente é capaz de me conseguir um contrato, de uma forma que minha inteligência talvez não possa prever. Reconheço essa sabedoria transcendental e aceito um contrato semelhante ao que perdi ou até mesmo melhor, de acordo com os desígnios de meu subconsciente.

Poucas semanas depois, ofereceram-lhe um contrato muito melhor do que aquele quase assinado em Nova York. Quando acontecer alguma coisa parecida com você, rejubile-se, na convicção de que a Inteligência Infinita lhe reserva uma oportunidade muito melhor, a ser oferecida quando você menos esperar.

O telepsiquismo nos ensina a colocar a confiança no lugar certo

Uma mulher brilhante que trabalhava como executiva em uma firma comercial tinha certeza de que se casaria com determinado homem. Já estava tudo preparado: a cerimônia, os convites, o banquete pós-nupcial. Minutos antes da cerimônia, entretanto, o noivo morreu devido a um ataque cardíaco.

— Por que Deus fez isso comigo? — exclamou a mulher.

Na verdade, Deus não foi "responsável" pela morte do noivo. Esse homem tinha a capacidade de escolher e dirigir sua vida da forma que quisesse. Soube-se mais tarde que era um alcoólico (o que não havia revelado à futura esposa) e que sofria do coração, tendo sido hospitalizado várias vezes. Tudo isso ele escondera da noiva.

Meu comentário foi que, afinal de contas, ela não podia controlar a vida do homem nem decidir quando ele partiria para a outra dimensão, o que devia era agradecer à sabedoria do seu

Como usar o telepsiquismo na oração que nunca falha

subconsciente, evitando um casamento que provavelmente seria desastroso.

Ela também aprendeu uma verdade simples: que não podemos ter certeza de coisa alguma, a não ser de que Deus é Deus e as Leis do Universo são constantes e invariáveis. Como alguém pode ter certeza de que estará em Brasília amanhã de manhã? Talvez haja um nevoeiro e todos os voos sejam cancelados. Como alguém pode ter certeza de que um cavalo vai ganhar a corrida? Talvez o cavalo fique parado na largada. Como um homem pode ter certeza de que vai se casar com uma mulher? Talvez ela morra de repente ou fuja com outro homem. Acaso podemos controlar a vida das outras pessoas? Como diz um velho hino:

Mudanças e decadência eu vejo em toda parte;
ó Senhor, que não mudais, ficai comigo.

Nunca se esqueça da capacidade do subconsciente de atender a suas preces de uma forma que sua mente consciente não conhece e talvez seja incapaz de imaginar.

A mulher de que falava não soube rezar da forma correta para conseguir um bom marido. Ela havia encontrado o homem em um bar, e o romance, juntamente com todas as mentiras do noivo, começara nessa ocasião. Em uma prece desse tipo, você nunca deve pensar em um homem em particular. Não conseguimos o que queremos neste mundo, mas sim o que somos e o que acreditamos.

Para atrair o cônjuge certo é preciso transferir para o subconsciente as qualidades que aprecia em um parceiro, pensando com interesse nas características que você preza e admira. Escrevi para a mulher a prece que se segue e sugeri recitá-la sempre:

Telepsiquismo

Sei que eu e Deus somos um só. É n'Ele que eu vivo e existo. Deus é Vida; essa Vida é a Vida de todos os homens e mulheres. Somos todos filhos e filhas de um único Pai.

Sei e acredito que existe um homem pronto para me amar e me proteger. Sei que sou capaz de contribuir para a paz e a felicidade desse homem. Ele aprecia meus ideais e eu aprecio os dele. Ele não pretende me modificar, nem eu a ele. Sentimos amor e respeito um pelo outro.

Existe uma única Mente Universal; eu já o conheço através dessa mente. Agora, eu me uno às qualidades e atributos que admiro e desejo ver expressos em meu marido. Já nos conhecemos e nos amamos na Mente Divina. Vejo Deus nele; ele vê Deus em mim. Depois de nos encontrarmos internamente, precisamos nos encontrar externamente, pois é essa a lei do subconsciente. Essas palavras já conseguiram o que pretendiam. Sei que está tudo feito, pronto e realizado em Deus. Obrigada, Pai.

Essas palavras penetraram gradualmente no subconsciente da moça, e a sabedoria de seu subconsciente a fez conhecer um jovem dentista que combinava com ela em tudo. Aprendeu a confiar nas leis da mente, que nunca falham. Teve consciência daquele momento em que as palavras de sua prece atingiram o subconsciente, pois não sentiu mais necessidade de rezar por um marido. Quando as palavras foram ditas com convicção, o subconsciente se apressou em responder.

Como usar o telepsiquismo na oração que nunca falha

O telepsiquismo nos ensina a superar qualquer contratempo

Suponhamos que você tem um encontro importante em São Paulo e é obrigado a cancelar a viagem por causa de uma doença. Digamos que você mencionou a entrevista em suas preces, rezou para que fosse satisfatória e para que tudo corresse a contento. Acalme-se; não se aflija; volte-se para a Inteligência Infinita do subconsciente e reconheça que o Poder Superior é capaz de planejar a entrevista de uma forma muito mais satisfatória do que a sua mente consciente. Permaneça tranquilo, certo de que o subconsciente sabe o que faz. Lembre-se também de que o consciente não pode prever de que forma seus desejos serão satisfeitos. "No sossego e na confiança estaria a vossa força" (ISAÍAS, 30:15).

Saiba que Deus é sempre Deus. Quando você afirmar e acreditar que Deus está em ação na sua vida, tudo que acontecer só poderá ser para seu bem. Essa é realmente a prece que nunca falha.

Não se esqueça...

1. A fé, um modo de pensar, é uma atitude mental. Você a tem nas leis da mente quando acredita que tudo que for impresso no subconsciente se transformará em uma realidade objetiva. Qualquer ideia em que você acredite com convicção, seja verdadeira ou falsa, será aceita pelo subconsciente, e transformada em realidade.

2. Um fazendeiro tem fé nas leis da agricultura. O capitão de um navio tem fé nas leis da navegação. Ambos estão usando princípios que existem desde a criação do Universo. Da mesma forma, você pode aprender as leis da mente e trans-

formar toda sua vida. Pense no bem e tudo correrá bem; pense negativamente e os resultados serão funestos.

3. Somos aquilo em que acreditamos. Foi por isso que o Dr. Quimby declarou em 1847: "O Homem é a expressão da crença." Crença é um pensamento consciente que significa aceitar alguma coisa como verdadeira. Podemos também acreditar em uma mentira, mas não podemos prová-la. Acreditar (estar vivo) significa reconhecer as verdades de Deus e saturar a mente com as certezas eternas, transformando assim a vida em um manancial de harmonia, saúde, paz e abundância.

4. Deus não protege ninguém. Pensar que Deus atende a certas pessoas por causa de suas crenças religiosas é uma atitude de sentimentalismo infantil. Deus é sabedoria e poder universais, ao alcance de todos os homens que mantenham uma atitude mental correta.

5. Muitas pessoas negam inconscientemente o que afirmam. Por exemplo: um homem pode afirmar que Deus o fará rico e acreditar inconscientemente na pobreza. É preciso mudar de atitude e passar a esperar com convicção as dádivas divinas; então, seu subconsciente responderá à altura.

6. Quando percebe e compreende a verdade de que a riqueza é uma imagem mental e quando repete constantemente a verdade de que a riqueza de Deus está circulando em sua vida, você destrói a crença do subconsciente na pobreza, e os resultados vêm de imediato. É como colocar constantemente um pouco de água limpa em uma garrafa de água suja. Chega um momento em que a garrafa fica cheia de água limpa.

Como usar o telepsiquismo na oração que nunca falha

7. Quando você tiver que pagar uma certa quantia em uma determinada data e estiver em dificuldades para cumprir o compromisso, pare de pensar na data e na quantia, pois essa atitude mental tende a produzir ansiedade, tensão e preocupação, que por sua vez atraem impedimentos, dificuldades e mais preocupações. Contemple algumas das grandes verdades contidas nos Salmos e em outros livros da Bíblia, e procure acalmar-se. Pense que as riquezas de Deus são inesgotáveis. Quando você atingir um estado de indiferença Divina, sua prece será atendida *de forma imprevisível*.

8. Tudo muda neste Universo, exceto Deus. Ele não muda. A única coisa de que podemos ter certeza é que Deus é Deus, a todo tempo o mesmo, ontem, hoje e sempre. Você pode ter certeza absoluta de que assinará um contrato com uma pessoa amanhã, mas ela pode morrer repentinamente, ou mil e uma outras coisas podem acontecer para impedir a assinatura do contrato. Confie no Poder Infinito do subconsciente para decidir o melhor para você.

9. Pare de pensar que você é capaz de controlar os acontecimentos ou as pessoas. Coloque toda sua fé e confiança na Presença Divina, na certeza de que Deus está em ação na sua vida; então, só lhe poderão acontecer coisas boas. Você pode ter plena confiança na bondade e no amor de Deus, e, aceitando essa verdade, sua vida será maravilhosa.

10. Quando rezar pedindo um companheiro, nunca pense em uma pessoa específica. Em outras palavras, não devemos tentar manipular a mente de outras pessoas. Pense bem nas

Telepsiquismo

características e qualidades que gostaria de encontrar no cônjuge, e seu subconsciente se encarregará de encontrar a pessoa certa.

11. Quando você afirma e acredita que Deus está em ação na sua vida, não importa o que aconteça, pois tudo acabará bem. Esse tipo de oração não falha nunca.

Como utilizar a força mágica do telepsiquismo

> Porque os meus pensamentos não são os vossos pensamentos, nem os vossos caminhos os meus caminhos, diz o Senhor (nosso subconsciente). Porque assim como os céus são mais altos do que a terra, assim são os meus caminhos mais altos do que os vossos caminhos, e os meus pensamentos mais altos do que os vossos pensamentos. (ISAÍAS, 55:8-9)

QUANDO ESTAVA ESCREVENDO este capítulo, recebi um telefonema de uma senhora de Nova York que havia lido *A magia do poder extrassensorial* e praticado as técnicas de meditação descritas nessa obra, com resultados maravilhosos. Contou-me que na noite anterior estava dormindo profundamente quando o falecido marido apareceu e lhe disse para acordar na mesma hora e fechar o gás antes que ela e o filho morressem asfixiados. Ela acordou e sentiu imediatamente um cheiro muito forte de gás. Despertou o filho e abriu as janelas. Se tivesse continuado a dormir, ela e o filho dificilmente escapariam vivos.

Toda noite, antes de se deitar, ela costumava recitar o salmo 91, a grande prece de proteção, e seu subconsciente deve ter dramatizado uma imagem do marido falecido, sabendo que ela obedeceria imediatamente a seu aviso em vez de considerar a visão como um mero sonho. O subconsciente sabe o que faz.

A mulher me garantiu que se tratava do marido "falecido", mas nada morre no Universo. A flor que desabrocha um dia desabrocha para sempre. Estamos constantemente em comunicação com todos os seres que já viveram ou estão vivendo, porque existe uma mente que é comum a todos os indivíduos. Mesmo que você receba uma mensagem de outra pessoa, é o Poder Infinito do subconsciente que está transmitindo a mensagem.

Estamos sempre imersos em uma única mente universal, e acho que nosso maior engano é pensar que estamos "dentro de um corpo". Nosso corpo está em nós como uma ideia, e teremos corpos até o infinito. Não podemos nos imaginar sem um corpo. Na verdade, isso seria impossível. Na próxima dimensão da vida, nosso corpo simplesmente oscilará com frequências mais altas.

Por que a oração piorou as coisas

Uma senhora me contou que tinha um problema jurídico e rezou para que a situação fosse resolvida a contento, mas as orações apenas pareciam tornar as coisas piores. Na verdade, ela estava colocando todos seus temores e ansiedades em posição de destaque; portanto, cada vez que rezava ficava ainda mais perturbada. Devia saber que o subconsciente amplifica todas as nossas convicções.

Depois que conversei com ela, a senhora modificou sua atitude e passou a afirmar o seguinte:

> Não estou sozinha. Deus mora em mim e Sua sabedoria traz uma solução Divina pelos caminhos que não posso compreender. Estou disposta a aceitar a solução que a Sabedoria Infinita me oferecer.

Como utilizar a força mágica do telepsiquismo

Ela manteve uma atitude de serena expectativa, e, sempre que se sentia ameaçada por pensamentos negativos, afirmava para si: "Existe uma solução Divina. É Deus em ação."

Depois de alguns dias, seus temores se desvaneceram como que por encanto e então teve uma profunda sensação de paz. Seu parente, que estava contestando o testamento na Justiça e que havia mentido deliberadamente ao juiz, desistiu repentinamente da ação e poucos dias depois passou tranquilamente para a outra dimensão enquanto dormia.

Nossa mente consciente é incapaz de prever o modo como nossas preces serão atendidas, pois os processos do subconsciente transcendem o intelecto.

Ele obteve a resposta em um sonho

Um corretor de imóveis que conheci estava interessado em fazer um vultoso investimento em outro estado. Toda noite, antes de dormir, ele rezava pedindo orientação divina. Um dia, depois de visitar a propriedade que estava interessado em adquirir, teve um sonho no qual o Hexagrama 33/Retirada, do *Segredos do I Ching*, apareceu e lhe disse: "Não é hora de avançar."

Ele seguiu o conselho, e mais tarde descobriu que tomou a decisão mais acertada, pois veio a saber que havia criminosos envolvidos na transação. O motivo pelo qual o subconsciente lhe apresentou o Hexagrama Retirada foi sem dúvida o fato de que ele havia lido recentemente o *Segredos do I Ching*, um livro que escrevi a respeito dos significados bíblicos e psicológicos dos 64 hexagramas do *I Ching: Livro das transmutações*, escrito por John Blofeld. Tudo que fiz foi dar os significados dos hexagramas em linguagem moderna, cotidiana. Aparentemente, o subconsciente do corretor

Telepsiquismo

resolveu lhe responder de uma forma tal que ele imediatamente compreendesse e obedecesse.

Sua prece foi respondida de uma forma estranha

Certo domingo, há pouco tempo, depois de uma de minhas conferências no Wilshire Ebell Theatre, em Los Angeles, onde tenho pregado nos últimos 22 anos, uma mocinha me contou uma história muito interessante. Ela estudava psicologia e religião comparativa na universidade local e me disse que estava pensando em se dedicar ao ensino das leis mentais e espirituais. Como não estava totalmente certa de sua vocação, costumava rezar pedindo uma orientação. Um dia, teve um sonho muito interessante: eu lhe apareci nesse sonho e apontei para o Hexagrama 30, do *Segredos do I Ching*, que é chamado de Li/Beleza Radiante, Fogo.

No sonho, ela leu claramente a frase seguinte, que aparece na interpretação desse hexagrama: "Porque a Luz de Israel virá a ser como fogo [...]" (ISAÍAS, 10:17). Fogo na Bíblia e no *I Ching* quer dizer iluminação, ou a Suprema Inteligência do nosso subconsciente, que nos revela tudo que precisamos saber e nos ajuda a transmitir essa luz para os outros.

Quando acordou, a moça consultou o livro, e as palavras que vira no sonho coincidiam exatamente com o que leu nos *Segredos do I Ching*. E pensou: "A resposta está certa e é isso mesmo que vou fazer." Ela sabia que muitas vezes o subconsciente nos fala por símbolos.

Minha figura no sonho simbolizava a verdade, e hoje em dia ela é muito feliz em sua nova área. Sendo uma estudiosa do *I Ching*, o sonho teve um grande significado para ela, e a deixou muito satisfeita.

Como utilizar a força mágica do telepsiquismo

Ele faz da oração um hábito

Quando eu discutia sobre oração com um estudante chinês no Havaí, ele me contou que sua técnica de oração se baseia no companheirismo espiritual. Ele conversa frequentemente com seu Eu Superior; é capaz de manter usualmente o que chama de colóquios ou pequenas entrevistas entre sua mente consciente e a Presença Divina. Ele costuma dirigir-se ao Eu Superior mais ou menos assim:

> Pai, Vós sois infinitamente sábio. Revelai-me as respostas, guiai-me em meus estudos e dai-me sabedoria e compreensão.

Existem ocasiões, disse-me ele, em que consegue prever todas as perguntas que serão feitas em um teste, de modo que não tem problemas nos estudos. Uma vez ouviu uma voz interior recomendar-lhe que estudasse o *I Ching: Livro das transmutações*, conselho que ele seguiu, com grande proveito.

Uma senhora muito rica que morava em uma das ilhas lhe pediu para interpretar o *I Ching*. Ela queria saber: "Será que devo fazer a cirurgia que me recomendaram?" E recebeu como resposta o Hexagrama 30/Beleza Radiante, Fogo. A interpretação dizia: "Criação de vacas — boa sorte."

O rapaz explicou a ela o significado da vaca no simbolismo chinês. A vaca é um animal manso que necessita de constantes cuidados. A frase quer dizer que teremos boa sorte se cuidarmos das vacas (subconsciente). E explicou que ela estava cheia de ressentimentos e hostilidade. A mulher fez uma lista de todas as pessoas que lhe desagradavam e desejou felicidade a todos. Também se perdoou por abrigar pensamentos e emoções destrutivas.

Enchendo o subconsciente (criando as vacas) de ideias positivas, ela ficou totalmente curada e, como recompensa, presenteou o chinês com 5 mil dólares.

Ninguém pode improvisar caráter. É preciso contemplar as verdades eternas, e, ao fazê-lo, nós nos tornamos o que contemplamos em pensamento, palavras e obras, em todas as fases de nossa vida.

A prece também é o desejo de seu coração

Se você estiver doente, deseje saúde; se for pobre, deseje riquezas; se estiver com fome, deseje comida; se estiver com sede, deseje água. Se estiver perdido na floresta, deseje encontrar o caminho de volta. Deseje realizar seu potencial e encontrar seu verdadeiro lugar na vida. Seu desejo é o impulso da vida dentro de você, sempre a lembrá-lo de que existe um vazio em sua vida que é preciso preencher. Se você é um inventor, deseje que sua invenção seja patenteada e lançada com sucesso no mercado. Deseje ser amado, querido, necessário e útil à humanidade.

O desejo é a causa de todos os sentimentos e ações. É o Princípio da Vida procurando expressar-se através de você.

O desejo é a Vida procurando demonstrar de alguma forma o que até então existia apenas como uma imagem em sua mente. O desejo é a força que move todas as coisas; é o princípio de movimento do Universo.

Não se esqueça de que o desejo existe para ser atendido. Desejo e realização podem ser assimilados a causa e efeito. A Bíblia diz: "Bem-aventurados os que têm fome e sede de justiça, porque eles serão fartos" (MATEUS, 5:6). Bem-aventurados os que têm fome e sede de agir certo, pensar certo e viver certo, de acordo com a Regra de Ouro e a Lei do Amor.

Como utilizar a força mágica do telepsiquismo

Ela resolveu ser um canal para Deus

Há alguns meses, recebi uma carta de uma atriz inglesa que estava desempregada fazia algum tempo. Todas as portas pareciam fechadas para ela. Sugeri-lhe que estabelecesse uma relação direta com a Presença Infinita de seu subconsciente e deixasse a Presença Divina orientar suas ações. Ela se dirigiu ao Eu Superior, afirmando:

> Submeto-me à Inteligência Infinita de meu subconsciente e sei que Deus me traz harmonia, realização, beleza, retidão e atividade. Tenho consciência de que preciso me tornar um canal aberto para Sua vida, amor, harmonia e criatividade.

Logo depois que adotou essa nova atitude mental, foi convidada para trabalhar em um filme na França e em outro na Itália, e hoje em dia trabalha na televisão em Londres. Todas as portas se abriram para ela. O medo, a ansiedade e o excesso de tensão estavam bloqueando tudo de bom que lhe estava reservado, como acontece quando você pisa na mangueira enquanto está regando o jardim. Rezar é também ouvir, isto é, devemos ouvir a verdade e ter certeza de que Deus, que nos deu um certo talento, também nos proporcionará a oportunidade para expressá-lo. Devemos abrir a porta de nosso coração e deixar que a Vida Divina nos envolva, conscientes de que é tão fácil para Deus se tornar harmonia, saúde, paz, abundância e amor em nossa experiência como o é se tornar um tufo de grama ou um cristal de neve.

Telepsiquismo

Como a oração curou uma arritmia cardíaca

Enquanto eu estava escrevendo este capítulo, uma mulher me telefonou do consultório de um cardiologista, dizendo que o médico tinha certeza de que seu coração estava bem e que sua arritmia era puramente emocional. A mulher estava obcecada com a ideia de que alguém estava praticando magia contra ela.

Mais tarde, a mesma pessoa me visitou e lhe expliquei que estava dando poder aos outros e que o único Poder é o Espírito Vivo, uno e indivisível, que nada pode se opor à Sua onipotência e onisciência, e que eram seus próprios temores que a estavam prejudicando.

Sugeri-lhe que repetisse o salmo 27 até que suas falsas ideias a abandonassem. Em menos de uma semana, a arritmia havia passado. Ela repetira as grandes verdades do salmo até que seu subconsciente aceitou a verdade, deixando-a livre.

Para entender o funcionamento dessa técnica, basta ter em mente uma simples imagem: pense em uma garrafa contendo água barrenta e se imagine enchendo-a com pequenas gotas de água pura e cristalina. Se você continuar a tarefa por tempo suficiente, a água da garrafa acabará por ficar completamente limpa.

Não se esqueça...

1. Nosso subconsciente procura sempre nos proteger, mas precisamos estar atentos a seus conselhos, intuições e impulsos. Muitas vezes a resposta de um problema sério nos é dada em forma de sonho. Uma mulher sonhou com o falecido marido, que lhe avisou que o gás estava ligado. Essa foi uma dramatização do subconsciente, em resposta a sua prece de proteção usando o salmo 91.

Como utilizar a força mágica do telepsiquismo

2. Quando você rezar, não coloque todos seus temores e ansiedades no centro de sua atenção. Concentre-se na solução, certo de que a sabedoria do subconsciente revelará a resposta de alguma forma. Mantenha uma atitude mental positiva. Quando sentir medo, afaste os temores com a fé em Deus e nas coisas boas da vida.

3. É uma boa prática orar regularmente pedindo a Orientação Divina em todos os seus empreendimentos. Se você estuda a Bíblia ou o *I Ching*, muitas vezes seu subconsciente responderá com uma frase dos Provérbios ou lhe dará um hexagrama com a resposta exata.

4. Uma estudante recebeu em sonho o Hexagrama 30 do *Segredos do I Ching* como resposta à pergunta: Devo estudar as ciências da mente? A interpretação do hexagrama era a seguinte: "Porque a Luz de Israel virá a ser como fogo [...]" (ISAÍAS, 10:17). Fogo na Bíblia e no *I Ching* significa luz e iluminação, e ela compreendeu imediatamente o significado da mensagem. Hoje, estuda as leis da mente e do espírito e se sente muito feliz.

5. Um estudante chinês costuma manter frequentes diálogos com seu Eu Superior. Seu método é simples: "Pai, Vós sois infinitamente sábio. Revelai-me as respostas, guiai-me em meus estudos e dai-me sabedoria e compreensão." Muitas vezes, ele vê em sonhos todas as perguntas que lhe serão feitas nos exames. Ele recebe inspiração para interpretar as mensagens simbólicas do *I Ching*, o que lhe tem rendido muito dinheiro.

6. A prece é o desejo sincero da alma; o desejo é a causa de todos os sentimentos e ações. É o Princípio da Vida procu-

Telepsiquismo

rando se expressar através de nós. Acredite que o Princípio da Vida, criado de seu talento, também lhe proporcionará a oportunidade para expressá-lo.

7. Se você estiver desempregado, submeta-se à Presença Divina e decida tornar-se um canal aberto e receptivo para o Poder Infinito. Diga para si mesmo: "Deus existe em mim sob a forma de harmonia, beleza, amor, paz, retidão, realização e abundância. Sei que é tão fácil para Deus se tornar essas coisas em minha vida como o é se tornar um tufo de grama ou um cristal de neve." Se tornar esse pensamento um hábito, todas as portas se abrirão para você. Tire seu pé da mangueira e deixe a água passar.

8. Se você pegar uma garrafa cheia de água suja e deixar cair água limpa, gota a gota, pelo gargalo desta garrafa, acabará com uma garrafa cheia de água limpa. Da mesma forma, se você se sentir amedrontado ou ansioso, medite nas grandes verdades do salmo 27 e, quando encher a mente com essas maravilhosas verdades, os pensamentos negativos serão neutralizados e destruídos, e você se sentirá em paz. Essa é a grande lei da substituição.

Como usar o telepsiquismo como resposta quadridimensional à oração

DESDE TEMPOS IMEMORIAIS, os sonhos têm sido para o indivíduo motivo de fascínio e perplexidade. Nos tempos antigos, muitos pensavam que os sonhos eram mensagens dos deuses ou viagens da alma a terras distantes. No entanto, na verdade, a quarta dimensão da vida é o lugar para onde viajamos toda noite quando adormecemos.

Durante o século XIX, muitos estudiosos afirmaram que os sonhos eram apenas a realização de desejos ocultos, a dramatização de recalques sexuais e outros complexos. Os professores Carl Jung e Sigmund Freud acreditavam que todos os sonhos tinham um significado simbólico e que sua interpretação correta poderia revelar todos os desejos, ansiedades e frustrações do paciente.

Entretanto, por meio de discussões, correspondência e entrevistas com pessoas de várias religiões e diferentes tradições culturais, cheguei à conclusão de que muitos sonhos podem ser tomados literalmente e outros constituem a resposta simbólica do subconsciente para os problemas mais sérios da pessoa que sonhou.

Telepsiquismo

Como um sonho a ajudou a encontrar um diamante perdido

Recentemente, uma mulher me disse:

— O senhor pode imaginar como me senti quando, ao tirar as luvas no consultório do médico, dei por falta do meu diamante de cinco quilates. — E acrescentou que havia procurado freneticamente em toda parte: na rua, no automóvel, em casa, no jardim. Tinha a impressão de que estava procurando uma agulha em um palheiro.

Aconselhei-a a adotar uma técnica simples e comprovada: imaginar que estava usando o anel e sentir a solidez, tangibilidade e naturalidade da joia. Em sua imaginação, deveria tirar o anel à noite e colocá-lo na caixa de joias, como estava acostumada a fazer. Tudo isso deveria ser um ato imaginário. Quando se deitasse para dormir, deveria repetir várias vezes sua prece favorita: "Obrigada, Pai", com o significado de que estava grata pela devolução do anel, já que não há nada perdido na mente do Infinito.

Na terceira noite, enquanto dormia profundamente, ela viu o anel claramente no quarto da empregada, enrolado em um pedaço de papel e escondido em um sapato velho. Ao acordar, foi até o quarto da empregada e encontrou o anel exatamente no local indicado. A empregada jurou que não havia roubado o anel e não tinha a menor ideia de como a joia havia ido parar dentro do sapato. Mais tarde, confessou que havia roubado o anel e mais cinquenta moedas raras, de valor inestimável.

Essa história é mais uma prova do poder multiplicador do subconsciente. A resposta significou para a mulher muito mais do que ela havia pedido.

Como usar o telepsiquismo como resposta quadridimensional à oração

Como uma criança transformou sua vida

Uma professora que estava casada com um ateu havia muitos anos e concordava com muitas das ideias do marido se encontrava em um estado de profunda depressão. Estava tomando tranquilizantes, receitados por um especialista. Contou-me que havia sido educada em um convento e fora profundamente religiosa até se casar. O marido ridicularizava todas as suas crenças religiosas e afirmava que não passamos de um conjunto de átomos, que nosso cérebro não passa de um computador etc. Ela concordava com essas ideias para evitar conflitos, mas, na realidade, não acreditava nelas. Finalmente, não podia mais ficar tomando remédios, pois estavam lhe causando muitos efeitos colaterais, e ela começou a perceber que o problema estava em sua mente.

Falou que certa manhã ligou o rádio na estação Kiev e me ouviu falar da falta de aceitação das verdades espirituais e da influência das atitudes mentais negativas sobre a saúde física e mental. Passou a escutar meu programa todas as manhãs. Depois de três semanas, teve um sonho muito impressionante, no qual um menino com uma auréola em volta da cabeça a chamava repetidamente. Quando ela se dirigia a seu encontro, ele fugia, e ela não conseguia alcançá-lo. Esse sonho se repetiu durante sete noites consecutivas. No sétimo dia, o menino disse: "Quando você me alcançar, estará curada", e desapareceu.

Expliquei-lhe que Carl Jung descobriu em suas pesquisas que existem certos arquétipos no inconsciente coletivo da raça humana que são comuns a todas as pessoas. De acordo com Jung, pessoas de todas as raças e em todas as épocas têm sonhado com a "criança luminosa", com o "velho sábio", com a figura materna, com círculos, cruzes, serpentes e muitos outros símbolos.

Telepsiquismo

A criança luminosa com uma auréola em volta da cabeça era o símbolo de Deus, chamando-a a seu encontro. A Bíblia muitas vezes se refere à Presença Divina como uma criança. No momento em que você reconhece o Poder que existe dentro de si, decide entrar em contato com esse Poder e fazer uso dele, é como se a criança estivesse nascendo.

Intuitivamente, ela sabia que a figura da criança queria dizer que devia voltar à comunhão com seu Eu Superior, e foi exatamente o que fez. Quando a criança voltou a aparecer, a mulher estava preparada para abraçá-la.

O primeiro livro que estudou foi *O poder do subconsciente*, e essa leitura transformou completamente sua vida. Dissolveu o casamento, que na realidade não era uma união, mas uma farsa.

Como uma mulher encontrou a resposta para a solidão

Uma viúva profundamente deprimida e, como ela mesma disse, desesperada com a solidão depois que o marido e os dois filhos morreram em um desastre, encontrou a resposta meditando nas verdades do salmo 23 duas ou três vezes por dia.

Uma noite, ouviu uma voz; não lembra se estava dormindo ou acordada. Ouviu distintamente uma voz que lhe falava: "Ajude os outros." Acordou sobressaltada e disse para si mesma: "Sou enfermeira, e é isso mesmo que vou fazer."

No dia seguinte, foi ao Hospital dos Veteranos e visitou muitos doentes. Durante uma semana escreveu cartas para alguns, consolou outros, leu os salmos, e seu coração ficou cheio de amor e compaixão. Todos os pacientes a receberam com verdadeiro prazer. Voltou a trabalhar como enfermeira e hoje é a imagem da fé e do entusiasmo. Sente que está sendo útil à humanidade. A voz que ouviu

Como usar o telepsiquismo como resposta quadridimensional à oração

era a voz da intuição; o subconsciente muitas vezes se manifesta por uma voz, que ninguém pode ouvir a não ser a própria pessoa.

Há milhares de anos, *Upanişadas: Os doze textos fundamentais* (uma coleção de tratados místico-filosóficos) ensinavam que "o homem quando sonha se torna um criador". Robert Louis Stevenson, preocupado com a natureza ambivalente do indivíduo, que o deixava perplexo, sonhou com uma história completa a respeito do assunto, que chamou de *O médico e o monstro*.

Da mesma forma, Elias Howe estava encontrando um obstáculo aparentemente insuperável para inventar a máquina de costura, até que o subconsciente o ajudou através de um sonho, mostrando-lhe exatamente onde colocar o buraco da agulha.

Um parceiro invisível

Um velho amigo meu, muito bem-sucedido nos negócios e que frequentemente adquire mais de 500 mil dólares em ações de uma única vez, disse-me em certa ocasião:

— Sabe, Murphy, sou capaz de investir 500 mil dólares sem o mínimo receio.

Esse homem me contou que toda sua vida é governada por um guia invisível, e que uma voz interior o aconselha a realizar certos investimentos e diz "não" a outros. Desde pequeno, ele tem repetido o seguinte: "Não temeria mal algum, porque tu estás comigo [...]" (SALMOS 23:4).

Deus é meu parceiro invisível e ouço claramente Sua voz quando diz: "Sim, sim; Não, não."

Obviamente, ele condicionou o subconsciente de tal forma que é capaz de ouvir os conselhos do seu Eu Superior, o que é uma forma de clariaudiência, a faculdade de ouvir as manifestações do subconsciente.

Telepsiquismo

Como um alcoólico encontrou a paz interior e a liberdade

Há alguns meses, tive uma entrevista com um alcoólico cuja esposa e filho haviam morrido de câncer. Ele estava profundamente deprimido e melancólico. Expliquei-lhe que o primeiro passo para a cura seria um sincero desejo de abandonar o álcool, e ele concordou. O passo seguinte seria admitir a existência de um Poder Infinito em seu subconsciente que se encarregaria de livrá-lo de todas as tentações e libertá-lo do vício.

Sugeri-lhe que praticasse uma técnica simples várias vezes por dia: ele deveria imaginar que eu o estava congratulando por sua tranquilidade mental e sobriedade. Continuou a fazer isso durante duas semanas, três vezes por dia. Uma noite, a mulher e o filho apareceram enquanto dormia e o filho lhe disse: "Papai, queremos que você seja feliz. Nós gostamos muito de você. Somos felizes e estamos levando uma nova vida. Não chore por nós."

O sonho teve sobre ele um efeito inapelável. Sentiu-se instantaneamente curado. Mais tarde, revelou-me:

— Sinto-me livre! Sinto uma paz e uma serenidade que nunca conheci, e lhe agradeço por isso.

Diz a Bíblia: "Apega-te, pois, a Ele, e tem paz [...]" (JÓ, 22:21). Esse homem se reconciliara com o poder de seu pensamento e imaginação, e o subconsciente respondeu de uma forma que lhe trouxe imediata liberdade e paz de espírito.

Como um homem escapou das selvas do Vietnã

Recentemente conversei com um jovem sargento. Ele me contou que teve de pular de paraquedas de um avião em chamas e acabou caindo na selva, irremediavelmente perdido. Não conseguiu encontrar os companheiros, que também haviam saltado. Então

Como usar o telepsiquismo como resposta quadridimensional à oração

recitou para si o único trecho que sabia de cor do salmo 91, o chamado grande salmo de proteção:

Direi do Senhor: Ele é o meu Deus, o meu refúgio, a minha fortaleza, e nele confiarei. (SALMOS 91:2)

Depois de repetir algumas vezes esse trecho do salmo, todo seu medo desapareceu. Então, ocorreu um fato muito estranho: seu irmão, que havia sido morto em combate no ano anterior, apareceu e lhe disse: "Siga-me." Conduziu-o até o sopé de uma montanha e acrescentou: "Fique aqui até amanhã de manhã e nada lhe acontecerá." E desapareceu. Na manhã seguinte, logo ao nascer do sol, uma patrulha o encontrou e o levou de volta para a base.

Assim que esse homem superou o medo, seu subconsciente lhe respondeu sob a forma do irmão morto, sabendo que ele o obedeceria imediatamente e o seguiria. O subconsciente também sabia que a patrulha iria passar por ali na manhã seguinte. Não podemos prever as táticas do subconsciente. Lembre-se apenas de que o subconsciente só ajuda quem tem fé.

Seja-vos feito segundo a vossa fé. (MATEUS, 9:29)

A explicação que salvou uma provável suicida

Uma jovem senhora que havia perdido dois filhos no Vietnã e se sentia muito deprimida perguntou-me por que não devia cometer suicídio. Minha explicação foi bastante simples:

— O problema está na mente, e a senhora é um ser mental e espiritual. A senhora não é apenas o seu corpo. Esse corpo é uma ideia da sua mente, e a senhora terá muitos corpos. Ninguém resolve um problema saindo do Rio e fugindo para São Paulo. Nossa mente

Telepsiquismo

nos acompanha aonde quer que vamos, e portanto não adiantará nada pular de uma ponte. A senhora precisa enfrentar o problema em sua própria mente e resolvê-lo aí mesmo. A senhora é mais importante do que qualquer problema.

Expliquei-lhe que qualquer pessoa é capaz de deixar seu corpo físico e viajar milhares de quilômetros; além disso, todos os sentidos são conservados. Podemos ver e ser vistos; podemos atravessar portas fechadas, podemos observar tudo que nos cerca e ao mesmo tempo contemplar nosso próprio corpo físico, no local onde o deixamos. Nesse estado, estamos usando um corpo quadridimensional, também chamado de corpo astral ou corpo sutil.

Ressaltei o fato de que muitos cientistas têm escrito a respeito das excursões do indivíduo fora do corpo. Descrevi as experiências e pesquisas do falecido Dr. Hornell Hart, antigo colaborador do Dr. J. B. Rhine, da Universidade de Duke, que investigou numerosos casos desse tipo.

Ela começou a perceber tanto intuitiva como intelectualmente que encontraria fora do corpo os mesmos problemas que a amarguravam, pois o corpo astral por si só, embora muito mais rarefeito e atenuado do que nosso corpo físico, não é capaz de resolver nenhum problema. Pelo contrário, ela permaneceria confusa, frustrada e perplexa no novo corpo, que corresponderia a seus pensamentos e imagens negativos.

O desejo de suicídio dessa mulher era causado por uma intensa necessidade de libertação e paz de espírito. O que ela realmente queria era uma vida que valesse a pena, já que a vida nunca se extingue. O que realmente queria era superar o obstáculo da depressão e da melancolia.

Garanti-lhe que os rapazes estavam vivendo muito bem em outra dimensão da mente e mereciam pensamentos de amor, paz, alegria e boa vontade. Eles não precisavam de pesar, tristeza e re-

Como usar o telepsiquismo como resposta quadridimensional à oração

volta. A dor prolongada é sempre um sinal de egoísmo mórbido. O amor sempre se rejubila com a felicidade, paz e bem-estar do próximo.

Ela resolveu voltar imediatamente ao trabalho e entregar os filhos à Presença Divina.

Desse dia em diante, sempre que pensava nos filhos, afirmava: "Sei que vocês estão onde Deus está, e Seu Amor enche as almas de vocês. Deus esteja com vocês."

Ao praticar essa terapia espiritual o Amor Infinito voltou a reinar em sua vida, e sua vitalidade e paz de espírito foram restauradas.

> Ele apascenta o seu rebanho entre os lírios (verdades de Deus). Até que refresque o dia, e fujam as sombras [...]. (CÂNTICOS, 2:16, 17)

Não se esqueça...

1. A quarta dimensão é o lugar para onde viajamos toda noite quando adormecemos. Muitos sonhos podem ser tomados literalmente e outros constituem a resposta simbólica do subconsciente para os problemas mais sérios da pessoa que sonhou.

2. Uma mulher perdeu um valioso anel de diamante e não conseguia encontrá-lo. Começou a usar o anel em sua imaginação e a sentir sua solidez e tangibilidade. Antes de dormir, repetia: "Obrigada, Pai", que significava para ela que já havia recebido o anel. Depois de três noites, enquanto dormia, viu claramente onde o anel se encontrava. Havia sido roubado pela empregada.

Telepsiquismo

3. Uma mulher religiosa casada com um ateu sofria de frustração e ódio reprimido pelo marido, que zombava de suas crenças religiosas. O subconsciente acorreu em seu auxílio sob a forma de um sonho, mostrando-lhe a "criança luminosa", um símbolo da Presença Divina. Ela percebeu intuitivamente o significado do sonho e voltou à antiga comunhão com a Presença Divina, ficando totalmente curada. Dissolveu o casamento, que na realidade não era uma união, mas uma farsa.

4. Uma viúva se libertou da solidão meditando no salmo 23. O subconsciente a socorreu em forma de uma voz, que lhe disse: "Ajude os outros." Como havia estudado enfermagem, a mulher voltou imediatamente ao trabalho e foi capaz de infundir fé, amor e confiança em todos os seus pacientes. Toda a tristeza desapareceu como que por encanto. Passou a se sentir querida, amada e apreciada.

E os teus ouvidos ouvirão as palavras do que está por detrás de ti, dizendo: Este é o caminho, andai nele [...].
(ISAÍAS, 30:21)

5. Há milhares de anos, *Upaniṣadas: Os doze textos fundamentais* ensinavam: "O homem quando sonha se torna um criador." Robert Louis Stevenson, preocupado com a natureza ambivalente do indivíduo, sonhou com uma história completa, que chamou de O *médico e o monstro*, e hoje está traduzida para todas as línguas conhecidas.

6. Um multimilionário, acostumado a fazer grandes investimentos, revelou-me que toda sua vida é governada por um guia invisível. Ele ouve uma voz interior que diz "sim" a certos investimentos e "não" a outros. Durante anos, tem

Como usar o telepsiquismo como resposta quadridimensional à oração

condicionado seu subconsciente a responder dessa maneira. Sua oração favorita é: "Deus (Inteligência Infinita) é meu parceiro invisível, e ouço claramente sua voz quando diz: 'Sim, sim; Não, não'."

Seja, porém, o vosso falar: Sim, sim; Não, não [...].
(MATEUS, 5:37)

7. Um alcoólico que desejava sinceramente se libertar do vício foi curado porque chegou a uma decisão e seu subconsciente reagiu. O homem usou a técnica simples de imaginar que eu o estava congratulando por sua tranquilidade mental e sobriedade. Essa imagem mental, que passou a sentir como se fosse verdadeira, foi impressa em seu subconsciente, que se encarregou do resto. O subconsciente reagiu de uma forma dramática: a esposa e o filho, que haviam falecido, apareceram-lhe em sonho e o filho disse: "Papai, queremos que você seja feliz. Somos felizes aqui onde estamos." Essa resposta quadridimensional teve um profundo efeito sobre o homem, que se sentiu instantaneamente curado.

8. Um sargento norte-americano perdido na selva do Vietnã rezou por auxílio usando uma frase do salmo 91:

Direi do Senhor: Ele é o meu Deus, o meu refúgio, a minha fortaleza, e nele confiarei. (SALMOS 91:2)

A resposta do subconsciente foi imediata. O irmão falecido apareceu e o encaminhou para um local seguro. No dia seguinte, o sargento foi encontrado por uma patrulha. Não podemos mesmo prever as táticas do subconsciente.

9. Uma senhora que havia perdido dois filhos no Vietnã estava disposta a se suicidar, achando que assim acabaria com a

depressão. Ela aprendeu que ainda teria muitos corpos e que não somos apenas um corpo, o qual na verdade é uma ideia ou veículo de expressão para a mente e o espírito. O problema estava em sua mente, e o complexo de suicídio era um desejo de liberdade, e não de extinção da vida, que de qualquer forma nunca poderia ser realizado. Percebeu que teria que enfrentar o problema em sua própria mente e lá resolvê-lo, pois nossa mente nos acompanha aonde quer que vamos. Assim, entregou os filhos a Deus e passou a orar regularmente por eles, irradiando-lhes amor, paz, harmonia, liberdade e alegria. Quando pensava neles, imediatamente afirmava: "Deus gosta de vocês e toma conta de vocês." Com isso, recuperou a vitalidade e a paz de espírito.

Apega-te, pois, a Ele, e tem paz [...]. (JÓ, 22:21)

Como o telepsiquismo liberta os poderes superiores de nossa mente

ENQUANTO ESCREVIA ESTE capítulo, tive uma conversa muito interessante com um ex-coronel da Força Aérea. Ele me contou que alguns anos antes havia lido um relato do saudoso E. R. Rawson, no qual contava que uma de suas alunas havia sonhado que estava em um certo lugar de onde podia avistar um avião em chamas. Havia dois homens no avião, que morriam queimados no final do sonho. Ela e outra mulher foram para o local e rezaram. O avião apareceu, e estava em chamas, mas os dois homens escaparam ilesos.

Essa história, contou-me ele, causou-lhe uma profunda impressão, e ele percebeu que existiam poderes mentais capazes de salvá-lo de incêndios ou de outros tipos de desastre.

Como o eu superior salvou-lhe a vida

Enquanto estava servindo no Vietnã, o avião de um coronel incendiou e explodiu no ar. Ele passou pelo meio das chamas e saltou de paraquedas, sem nenhuma queimadura. Disse-me que tinha certeza de que o fogo não podia queimá-lo. E demonstrou para si mesmo que nas dimensões mais altas da mente o indivíduo não pode ser queimado, tornando-se invulnerável a qualquer perigo.

Telepsiquismo

Sem dúvida ele adquiriu essa imunidade meditando no artigo a respeito das duas mulheres que rezaram e salvaram os dois tripulantes do avião em chamas.

O telepsiquismo, ou comunicação com os poderes infinitos do subconsciente, é o que a Bíblia quer dizer quando afirma:

> Se Deus (Poder Infinito) é por nós, quem será contra nós? (ROMANOS, 8:31)

Como os indianos podem andar no fogo sem se queimar

A citação que segue foi tirada de um artigo de Jack Kelley, publicado no jornal *Enquirer*:

> Os feitos espantosos dos faquires indianos, que parecem desafiar as leis naturais andando descalços sobre carvão em brasa, têm desafiado a imaginação do homem comum durante muitos séculos [...]. No festival anual de Thaipsam, em Cingapura, quando centenas de pessoas caminham sobre brasas ardentes [...], o médico Dr. Narasionhala Ramaswami declarou ao *Enquirer* que vem examinando as pessoas que realizam essa proeza há 18 anos e que nunca viu ninguém queimado. "As razões são parte místicas e parte científicas", explicou. "A parte mística se baseia na fé. É o poder da mente. Como eles têm certeza absoluta de que não vão sentir nenhuma dor, não sentem nenhuma dor.
>
> Gopala Krishman, um rapaz de 19 anos residente em Cingapura, declarou ao *Enquirer*: "Primeiro nós temos que jejuar. Dormimos no templo e não temos nenhum contato com nossas famílias.

Rezamos o tempo todo. Rezamos tanto que entramos em estado de transe. Nossa fé é tão forte que nos protege contra qualquer tipo de dor ou ferimento."

Como associar seu pensamento ao Poder Infinito

O pensamento governa o mundo. Ralph Waldo Emerson disse: "O pensamento é propriedade apenas dos que são capazes de entretê--lo." Aprenda a ter um interesse sadio por seus pensamentos. Sua saúde, felicidade, segurança e proteção dependem em grande parte do que você conhece a respeito do poder do pensamento.

Os pensamentos são entidades reais e atuantes. Nosso pensamento é uma vibração mental e um poder definido; a ação é apenas uma manifestação externa de nossos pensamentos. Se nossos pensamentos são sábios, nossos atos serão sábios.

Nosso subconsciente se encarrega de transformar em realidade tudo que pensamos e consideramos como verdadeiro. Nossos pensamentos e sentimentos governam nosso destino. Sentimento, do ponto de vista do pensamento, significa interesse. Esse é o significado da frase bíblica: "Porque, como imaginou em seu coração, assim é [...]" (PROVÉRBIOS, 23:7).

Quando está realmente interessado em sua profissão, trabalho ou missão especial, você sempre é bem-sucedido, porque está usando o Poder Infinito do subconsciente.

Como um detetive foi ajudado pelo subconsciente

Tive uma conversa muito interessante com um detetive a bordo do navio *Princess Carla,* no qual eu estava realizando um seminário a respeito dos Aspectos Superiores da Vida. Ele me contou que havia sido destacado para a Divisão de Narcóticos de uma cidade

Telepsiquismo

do Leste. Suspeitava de que três indivíduos estavam vendendo grandes quantidades de cocaína e heroína, mas a polícia não conseguia encontrar nenhuma prova.

Uma noite, ele estava pensando no problema e pediu ao subconsciente para lhe revelar o local onde estavam escondidos os narcóticos. Antes de adormecer, repetiu várias vezes: "Meu subconsciente vai me fornecer as provas." E focalizou a atenção na palavra provas, repetindo: "provas, provas, provas". Nessa noite, sonhou que os três suspeitos estavam em uma garagem. Viu o nome e endereço da garagem e o local onde estavam as drogas.

De manhã, arranjou um mandado de busca, chamou os companheiros, e deram uma batida na garagem, encontrando a cocaína e a heroína exatamente no lugar visto no sonho. Foram apreendidos mais de 3 milhões de dólares em narcóticos.

Esse detetive conseguiu transferir para o subconsciente a ideia de *provas*, e, como o subconsciente raciocina de forma apenas dedutiva, foi-lhe fornecida a resposta perfeita. Nosso subconsciente possui uma Inteligência Infinita e uma sabedoria sem limites, e só conhece a resposta certa.

O detetive me revelou também que o superconsciente vela por ele; muitas vezes, ouve uma voz interior que lhe diz aonde deve ir e aonde não deve (clariaudiência: a capacidade de ouvir a voz da mente superior). A palavra *superconsciente* significa a Presença de Deus em nosso subconsciente. Ou seja, todos os poderes, qualidades e aspectos de Deus estão em nosso subconsciente. Assim, a palavra *subconsciente*, como é usada neste livro, significa não só a lei de Deus, mas também todas as suas qualidades e poderes.

Desse modo o texto fica mais claro, já que o leitor não se confunde com um grande número de palavras que significam basicamente a mesma coisa, como mente subjetiva, mente subliminar, superconsciente etc.

Muitas pessoas são clariaudientes

Sócrates, considerado uma das pessoas mais sábias, era guiado na vida por uma voz interior na qual depositava confiança irrestrita. "Não digam que Sócrates foi enterrado", recomendou a seus discípulos. "Digam que enterraram meu corpo." Sócrates sabia que o indivíduo é um ser mental e espiritual e que sua alma (Espírito) é imortal.

Hoje diríamos que Sócrates era clariaudiente, já que se referia tão frequentemente a uma voz interior. Certamente se tratava da voz do subconsciente, que o ajudava de forma regular e sistemática a fazer e a dizer as coisas certas.

Um jovem estudante japonês me contou que havia comprado uma passagem para um avião que mais tarde foi sequestrado perto de Los Angeles. Porém, ouviu claramente uma voz interna que dizia: "Não vá." Ele obedeceu e assim evitou o susto, a demora e uma experiência penosa.

Como o telepsiquismo curou uma neurose de ansiedade

Recentemente, fui procurado por uma mulher que me contou que sofria de "neurose de ansiedade", ou, em outras palavras, de preocupação crônica. Sugeri-lhe que se comunicasse regularmente com seu Eu Superior, que é o Espírito Vivo ou Deus que habita nosso subconsciente. Dessa forma, obteria resultados imediatos.

Expliquei-lhe que o telepsiquismo é simplesmente o processo de entrar em contato com os poderes de Deus que existem em nós e que, no momento em que ela utilizasse esses poderes, estaria curada.

A técnica que essa mulher usou para superar a neurose de ansiedade foi a seguinte: começou a se comunicar com o Eu Superior

Telepsiquismo

três ou quatro vezes por dia, sabendo que inevitavelmente receberia uma resposta. Passou a afirmar essas verdades com convicção:

> Na verdade, há um espírito no homem, e a inspiração do Todo-Poderoso o faz entendido. (JÓ, 32:8)

> Esse Poder Supremo existe dentro de mim e estou cercada pelo círculo sagrado do Amor Divino. O amor de Deus enche minha alma. Minha mente está cheia de paz, harmonia e equilíbrio. Sou guiada por Deus em todos os meus passos. Minha fé e confiança estão em Deus e em todas as coisas boas. Espero sempre o melhor. Quando sinto algum medo ou preocupação, afirmo imediatamente: "Deus está comigo."

> Porque Deus não nos deu o espírito de temor, mas de fortaleza, e de amor, e de moderação e equilíbrio. (2 TIMÓTEO, 1:7)

A mulher se identificou mental e emocionalmente com essas verdades, e o segredo desse processo de oração é que sempre que ela começava a sentir alguma preocupação eliminava esses pensamentos negativos pensando em Deus. Quando isso se tornou um hábito, todos os seus medos e preocupações se desvaneceram, e ela se sentiu em paz. Dominou as preocupações participando das verdades de Deus, que são sempre as mesmas, ontem, hoje e sempre.

Como a fé de uma mulher em Deus salvou a vida do marido

Em uma recente viagem ao México, encontrei um velho amigo que pratica a acupuntura e consegue o que chama de "resultados maravilhosos" em seus pacientes. Enquanto esperava por ele no hotel, uma mulher se dirigiu a mim, dizendo: "Oh! Reconheço o senhor. Sua fotografia está na capa do *Segredos do I Ching*, que consulto constantemente. É uma obra-prima!" Então ela me contou um caso notável de precognição (assistir a um evento antes que aconteça).

Em duas noites consecutivas, sonhou que estava vendo um homem apontar um rifle para o marido e matá-lo a tiros. Ficou muito assustada. Consultou o *Segredos do I Ching* e perguntou o que fazer. A resposta foi o Hexagrama 24, que diz:

Voltando e descansando sereis salvos; no sossego e na confiança estaria a vossa força [...]. (ISAÍAS, 30:15)

Se te voltares ao Todo-Poderoso, serás edificado [...]. (JÓ, 22:23)

Isso significa que, ao aliar-se à Presença Divina que existe em você, esse Poder se tornará ativo e fecundo em sua vida. Nessa comunhão interior com o Divino, você sentirá a força, a orientação e o amor de Sua Presença.

Essa foi a resposta que ela recebeu do *Segredos do I Ching*, um antigo método chinês para ativar os agentes espirituais do subconsciente. E a mulher concentrou sua atenção em algumas das grandes verdades da Bíblia, sabendo que apenas assim poderia salvar a vida do marido.

E será que antes que clamem eu responderei; estando eles ainda falando, eu os ouvirei. (ISAÍAS, 65:24)

Tu conservarás em paz aquele cuja mente está firme em ti; porque ele confia em ti. (ISAÍAS, 26:3)

Telepsiquismo

A tua fé te salvou [...]. (MATEUS, 9:22)

Tudo é possível ao que crê. (MARCOS, 9:23)

O coração alegre aformoseia o rosto [...]. (PROVÉRBIOS, 15:13)

Eu sou o Senhor que te sara. (ÊXODO, 15:26)

Por isso vos digo que todas as coisas que pedirdes, orando, crede receber, e tê-las-eis. (MARCOS, 11:24)

Porque te restaurarei a saúde, e te curarei as tuas chagas, diz o Senhor [...]. (JEREMIAS, 30:17)

Ela meditou nessas passagens e também no salmo 91, sabendo que o amor de Deus velava pelo marido. Saturando a mente com essas verdades bíblicas, ela teve não só um profundo sentimento de paz e tranquilidade como a certeza de que o círculo mágico de Deus envolvia o marido.

Dias depois, o marido chegou em casa e lhe contou que um homem havia disparado três tiros contra ele, sem acertar nenhum; outro homem apontou uma pistola contra ele e tentou disparar, mas a arma não funcionou. Não há dúvida de que as preces da esposa o salvaram de morte certa. O plano para matá-lo já estava no inconsciente coletivo e fora captado pela mulher. Adotando uma atitude mental positiva e invocando a proteção de Deus, ela conseguiu salvar sua vida.

A tua fé te salvou [...]. (MATEUS, 9:22)

Como o telepsiquismo liberta os poderes superiores de nossa mente

Não se esqueça...

1. Quando você atinge um estado elevado de consciência, torna-se invulnerável a qualquer perigo. Isso porque você conta com a proteção do Poder Infinito, que é todo-poderoso.

2. Você se torna imune aos desastres meditando constantemente no Amor Divino, que nos envolve, nos abraça e nos protege. Nós somos aquilo que pensamos.

3. Alguns indianos são capazes de caminhar descalços sobre carvão em brasa sem que nada lhes aconteça. Para isso, entretanto, a mente deles é condicionada por um longo período. Acreditam que Deus os protege, e têm uma convicção subconsciente de que não podem se queimar. Essa confiança cega é aceita pelo subconsciente, que responde à altura. Da mesma forma, uma pessoa hipnotizada pode ser operada sem sentir nenhuma dor.

4. O pensamento governa o mundo. Todos nós somos o que pensamos. Tenha um respeito sadio por seus pensamentos. Nosso pensamento é criador. Se nossos pensamentos forem sábios, nossos atos também o serão.

5. Todas as coisas em que acreditamos sinceramente são transformadas em realidade pelo subconsciente. Nossos pensamentos e sentimentos governam nosso destino.

6. Um detetive se concentrou em uma palavra, *provas*, antes de dormir. Seu subconsciente sabia que ele precisava descobrir o esconderijo de um suprimento de cocaína e heroína para poder prender três traficantes. Em um sonho, o subconsciente revelou ao detetive a localização exata dos narcóticos,

Telepsiquismo

resolvendo assim o problema. Nosso subconsciente só conhece a resposta certa.

7. Muitas pessoas são clariaudientes. Sócrates respeitava os conselhos de uma voz interior, na qual acreditava cegamente. Era a voz de seu subconsciente, que sempre o levava a fazer a coisa certa.

8. Um jovem estudante japonês estava a ponto de embarcar em um avião quando uma voz interior lhe disse: "Não vá." Ele obedeceu e o avião mais tarde foi sequestrado. Assim, ele foi salvo de uma experiência penosa.

9. Você pode superar a ansiedade enchendo a mente com as grandes verdades eternas, que neutralizam e obliteram os pensamentos negativos. Sature sua mente com as verdades do salmo 27 e do salmo 91, e descobrirá a paz e a serenidade.

10. Uma mulher teve um sonho profético. Viu o marido ser morto a tiros. Rezou pedindo que o amor de Deus o protegesse. Embora dois homens apontassem suas armas diretamente para ele, nada lhe aconteceu. As preces da mulher salvaram sua vida.

Tudo é possível ao que crê. (MARCOS, 9:23)

Como o telepsiquismo ajuda a desenvolver a magia da fé

A FÉ, UMA atitude mental pela qual pensamos do ponto de vista das verdades eternas, pode ser considerada uma atitude mental construtiva ou um sentimento de confiança e certeza de que nossos desejos serão satisfeitos. Nesse sentido, não é privilégio de nenhuma religião ou seita em particular, basta se concentrar nas leis criadoras de nossa mente e na certeza de que existe uma Inteligência Infinita (Deus) em nosso subconsciente, que responde à nossa fé e convicção.

Na realidade, tudo que fazemos não deixa de ser um ato de fé. Quando uma cozinheira prepara um bolo, está praticando um ato de fé. Um motorista experiente dirige um carro por pura fé. Quando aprendemos a dirigir, repetimos vezes sem conta os mesmos processos mentais e atos musculares; depois de um certo tempo, o ato de dirigir se transforma em um processo quase automático. Quando alguém conduz um carro sem nenhum esforço consciente, é porque o subconsciente está trabalhando por ele. O mesmo ocorre quando aprendemos a nadar, dançar, andar, escrever à máquina e a realizar muitas outras atividades do mesmo tipo.

Podemos aumentar nossa compreensão das leis da vida e da nossa fé nessas leis. É só olharmos em torno para percebermos que tudo que fazemos nesse nosso mundo inconstante depende da fé. O fazendeiro aprendeu a ter fé nas leis da agricultura. O eletricista

Telepsiquismo

tem fé nos princípios da eletricidade e procurou aprender tudo que podia a respeito dessas leis. O químico tem fé nos princípios da química, mas não existem limites para suas pesquisas e descobertas.

A fé o fez contemplar o próprio corpo

Há algumas semanas, um homem me telefonou dizendo que estava indo para o hospital para se submeter a uma delicada intervenção cirúrgica. Queria algumas frases espirituais para confortá-lo. Aconselhei-o a repetir para si mesmo: "Deus está guiando os médicos e enfermeiras. O Deus que tenho dentro de mim está-me curando. Tenho fé absoluta no poder de Deus."

Depois da operação, que foi bem-sucedida, ele me contou que esteve fora do corpo e assistiu a toda a operação. Seus olhos estavam fechados e seu corpo anestesiado. Ele podia ouvir claramente a conversa dos médicos. O anestesista informou que seu coração havia parado e ele recebeu uma injeção direta no coração, após o que uma enfermeira começou a lhe fazer massagens. Ele se sentia completamente desligado do corpo, como se não fizesse mais parte dele. De repente, entretanto, se percebeu de volta ao corpo, e quando acordou contou ao médico o que tinha visto e ouvido.

Esse homem goza hoje de uma saúde invejável. Ele me disse:

— Nunca me senti tão bem-disposto. Usei a oração que o senhor me ensinou. Sempre acreditei no Poder Divino, mas nunca com tanta fé quanto desde que ressuscitei.

Esse homem não tem mais medo da morte, pois, segundo todas as aparências, já esteve clinicamente morto. Nessa ocasião, entretanto, se encontrava perfeitamente consciente, fora de seu corpo físico, mas em contato com nosso mundo e também com muitos parentes já falecidos. Além do mais, foi capaz de descrever minuciosamente tudo que os médicos haviam dito e feito durante a operação. Encontrou-se na estranha posição de observar seu próprio corpo, como se fosse o de um estranho. Essa experiência aumentou tremendamente sua fé em Deus.

Todo mundo tem fé em alguma coisa. As pessoas que se dizem ateias têm fé nas leis da natureza, nos princípios da eletricidade, da química e da física. O ateu está usando constantemente aquilo que nega. Por exemplo: cada vez que ele levanta uma cadeira, está usando o poder invisível que se recusa a admitir. Quando se vê diante de um problema, seja de matemática, de física nuclear ou de medicina, recorre a uma inteligência maior do que a sua. Nenhuma combinação de moléculas jamais compôs uma sonata, construiu uma catedral gótica ou escreveu um Sermão da Montanha. Existe uma Presença ou Poder invisível e intangível que dá forma aos átomos e moléculas do Universo; mas essa Inteligência não pode ser pesada nem medida, assim como o Poder Invisível também não.

Como o telepsiquismo resolveu um problema de família

Um casal me consultou a respeito de um problema muito preocupante. Eles haviam recebido conselhos conflitantes por parte de dois advogados, e esses conselhos por sua vez estavam em desacordo com a opinião de um pastor.

Expliquei que toda ideia tende a se manifestar, a menos que seja inibida e neutralizada, por uma outra em sentido contrário. E acrescentei que, se eles manifestassem um desejo sincero por uma solução Divina, essa convicção passaria ao subconsciente, que analisaria a questão e daria a resposta apropriada.

A mãe da mulher vivia com o casal, e era pouco mais do que um vegetal humano. O marido se aborrecia muito com a situação. Os

Telepsiquismo

irmãos da mulher a criticavam porque ela queria internar a mãe em um asilo e ratear a despesa entre eles, com o que não concordavam.

Depois da nossa conversa, o casal entregou o problema ao subconsciente, afirmando antes de dormir:

> Entregamos (fulana) à Presença Divina na qual ela vive e existe. A Inteligência Infinita sabe o que é melhor e trará uma solução justa. Temos fé absoluta que o Poder Divino tomará conta dessa mulher, sua própria filha, e lhe dará liberdade, paz e harmonia. Deus sabe e Deus se importa, e vamos repousar na certeza de que existe uma solução perfeita.

Na primeira noite em que eles rezaram dessa forma, confiando em uma solução divina e harmoniosa, a velha senhora faleceu tranquilamente, não sem antes passar por um momento de lucidez em que disse para a filha: "A oração de vocês me libertou." Então partiu para outra dimensão.

Nosso subconsciente conhece todas as respostas. Dê ouvidos a seus palpites, conselhos e intuições. O subconsciente pode se manifestar de muitos modos.

Como vimos, o telepsiquismo visa ao contato com os poderes infinitos do subconsciente. É em nosso subconsciente que está o EU SOU da Bíblia — a Presença e Poder de Deus, o Puro Ser, o Espírito Autocriador — ou o *Om* da Índia, que significa Ser, Vida, Presença. Nosso subconsciente também é a lei da nossa vida, que, como sabemos, podemos usar de forma positiva ou negativa.

Não sonhamos com nosso consciente. Quando sonhamos, o consciente está adormecido e se une ao subconsciente. Como vimos nos capítulos anteriores, o subconsciente dramatiza nossas

Como o telepsiquismo ajuda a desenvolver a magia da fé

ideias e pode apresentar muitas imagens simbólicas ou situações incongruentes.

Os sonhos são os programas de televisão de nossa mente superior. Existem sonhos de vários tipos, até mesmo os proféticos, nos quais presenciamos um evento antes que ocorra.

Nossos sonhos também podem representar a satisfação de um desejo; assim, por exemplo, se você está com muita sede quando vai para a cama, seu subconsciente pode fazê-lo pensar que está bebendo um copo d'água. Os sonhos também podem representar um aviso para evitar uma tragédia.

Como o telepsiquismo salvou a vida de um homem através de um sonho

Um velho amigo meu costuma ler o salmo 91 tantas vezes por dia que saturou o subconsciente com as grandes verdades desse salmo. Ele acredita firmemente nestas palavras:

> Porque aos seus anjos (ideias criadoras, intuições, palpites) dará ordem a teu respeito, para te guardarem em todos os teus caminhos. Eles te sustentarão nas suas mãos, para que não tropeces com o teu pé em pedra (acidente, infortúnio, prejuízo de qualquer espécie).
> (SALMOS 91:11, 12)

Esse homem viaja muito pela Europa, Ásia e América do Sul a serviço do governo. Há algum tempo estava para viajar para o Peru. Na noite anterior ao embarque viu em sonho a manchete de um jornal que noticiava a queda de um avião com a morte de 92 passageiros. Só havia um sobrevivente. Ele cancelou a reserva

Telepsiquismo

e soube mais tarde que o avião havia caído nas selvas do Peru. Só houve uma sobrevivente, a filha de um missionário, salva por pescadores.

A tremenda fé desse homem na sabedoria invisível de seu subconsciente sem dúvida salvou sua vida ao lhe apresentar o aviso sob uma forma dramática e realista, sabendo que reagiria de acordo. Naturalmente, seu subconsciente sabia que o desastre iria acontecer, pois o subconsciente sabe de tudo, e portanto conhecia o estado do avião, as condições de tempo e a disposição mental do piloto.

Como disse Emerson: "Nada acontece por acaso. Tudo tem uma causa." Existe uma ideia por trás de tudo que fazemos nesta vida.

O grande mar psíquico e como se livrar dele

Todos nós estamos em um grande mar psíquico. Milhões de pessoas acreditam em acidentes, infortúnios, tragédias, incêndios, doenças, crimes e ressentimentos, e toda sorte de pensamentos e emoções negativas permeia o inconsciente coletivo. Naturalmente, existe também algo de bom no inconsciente coletivo, mas em sua maior parte é assustadoramente negativo. Em consequência, se não estivermos "prevenidos" e não estabelecermos convicções firmes contra todos esses medos e emoções negativas do inconsciente coletivo, essas emoções atingirão nosso subconsciente, dando origem a acidentes, infortúnios e inconvenientes de todos os tipos.

Esse amigo meu estava "prevenido" e, portanto, não podia estar no avião que caiu. *Coisas diferentes se repelem. A harmonia e a discórdia não podem coexistir.* Acredite que está cercado pelo amor e pela harmonia de Deus. Se você acreditar com convicção nessa verdade, o subconsciente a aceitará e você terá uma vida maravilhosa.

Como o *"parceiro invisível"* compensou prejuízos

Recentemente, fiz algumas conferências na Igreja da Ciência Religiosa em Las Vegas, Nevada, a convite do Dr. David Howe, velho amigo meu e antigo membro de minha organização. Um dos membros de sua igreja me contou um episódio interessante de sua vida que vem demonstrar o poder da fé e da confiança em Deus ou na Suprema Inteligência que reside no subconsciente de todos nós. Ele relatou que tinha sido um jogador inveterado. Na primeira vez em que foi a Las Vegas, seu único interesse era o jogo. Perdeu mais de 200 mil dólares em duas noites e, na terceira, seu dinheiro acabou. Teve que escrever para casa pedindo dinheiro para pagar o hotel.

Alguém lhe deu um exemplar de *O poder do subconsciente*, que leu avidamente. E aprendeu que tudo acontece através da mente e que ele não podia ganhar ou perder no jogo a não ser por meio da mente. Assim, passou a afirmar todo dia: "Tenho direito a 225 mil dólares e esse dinheiro voltará às minhas mãos multiplicado."

Ele continuou rezando durante vários dias, certo de que mais cedo ou mais tarde seus pensamentos concentrados acabariam por se infiltrar no subconsciente, e o subconsciente, que sabe de tudo, sintetizaria a solução e a apresentaria já pronta à mente consciente.

Três meses se passaram e nada aconteceu. Entretanto, ele manteve a mesma atitude mental positiva. Certa noite, sonhou que estava de volta a Las Vegas e que o caixa lhe estava pagando 250 mil dólares. Era um sonho muito realista. O caixa disse para ele: "Pois é, é mais do que o senhor perdeu da última vez." Pouco depois, ele foi transferido para Las Vegas. Logo na primeira noite, foi jogar na mesa de roleta que vira no sonho. Reconheceu as pessoas que estavam na mesa e teve *certeza* de que iria ganhar. Naquela noite, ele parecia ter o toque de Midas; todos os números em que jogava

Telepsiquismo

eram premiados. Ganhou 250 mil dólares, e o caixa repetiu as mesmas palavras que ouvira no sonho. Sua fé ilimitada nos poderes do subconsciente lhe rendeu dividendos fabulosos.

> "Eu, o Senhor (o subconsciente), em visão a ele me farei conhecer, ou em sonhos falarei com ele." (NÚMEROS, 12:6)

Não se esqueça...

1. A fé, uma atitude mental pela qual pensamos do ponto de vista das verdades eternas, não é privilégio de nenhuma religião ou seita em particular. Nossa fé deve se concentrar nas leis criadoras de nossa mente e na certeza de que Deus existe.

2. Tudo que fazemos é um ato de fé: dirigir um automóvel, fazer um bolo, dar um telefonema ou tocar piano. Aprendemos a dirigir repetindo um certo processo mental e um conjunto de atos musculares até nosso subconsciente assimilar toda a sequência. A partir desse ponto, nossos atos se tornam automáticos. Alguns chamam isso de segunda natureza, mas não passa da reação do subconsciente aos pensamentos e ações do nosso consciente. A lei da ação e da reação é cósmica e universal.

3. Um homem acreditava firmemente que Deus velaria por ele durante uma delicada intervenção cirúrgica. Viu-se fora do próprio corpo e pôde assistir a toda a operação. Sua recuperação foi ótima e hoje sua saúde é invejável.

4. Todo mundo tem fé em alguma coisa. Os que se dizem ateus usam constantemente o poder invisível que se recusam a

Como o telepsiquismo ajuda a desenvolver a magia da fé

admitir. Quando alguém levanta uma cadeira, está usando o poder invisível; sempre que alguém pensa alguma coisa, está usando o poder criador. Se você encontrar o poder criador, terá descoberto Deus, porque só existe Um Poder Criador.

O verbo (pensamento expresso) era Deus (ou criador). (JOÃO, 1:1)

As pedras não se unem espontaneamente para formar uma catedral, nem as moléculas se reúnem para compor uma sonata.

5. Um casal tinha que cuidar da mãe da mulher, que era pouco mais que um vegetal humano. Eles rezaram desta forma: "Entregamos (fulana) à Presença Divina, que lhe dará liberdade, paz e harmonia." Ela faleceu tranquilamente, depois de lhes agradecer por terem rezado por sua liberdade.

6. Sonhamos com o nosso subconsciente. Os sonhos são os programas de televisão da mente superior. Um homem que havia implantado as verdades do Poder Divino no subconsciente sonhou que o avião no qual iria viajar havia sofrido um acidente. O avião, que levava 92 passageiros, caiu nas selvas do Peru, e apenas uma pessoa escapou, a filha de um missionário. Tudo aconteceu exatamente como o homem vira no sonho. O subconsciente estava tentando protegê-lo, e ele atendeu ao aviso e desistiu de viajar naquele avião.

7. Estamos todos imersos em um grande mar psíquico, no qual bilhões de pessoas despejam constantemente toda sorte de superstições, temores, ódios, ciúmes, pensamentos negativos etc. Se não estivermos "prevenidos", esses pensamentos e emoções negativos do subconsciente coletivo acabarão por

Telepsiquismo

se infiltrar em nosso próprio subconsciente com resultados funestos. Encha regularmente sua mente com as verdades de Deus, e você neutralizará essas vibrações negativas.

8. Um homem perdeu mais de 220 mil dólares jogando em Las Vegas. Mais tarde, entretanto, veio a descobrir que não podemos ganhar ou perder nada a não ser através da nossa mente. Assim, passou a afirmar com convicção: "Tenho direito a 225 mil dólares e esse dinheiro voltará às minhas mãos multiplicado." Um dia, sonhou que ganharia 250 mil dólares no mesmo cassino onde havia perdido anteriormente. Acreditou no sonho. Quando foi transferido para Las Vegas, foi jogar na mesma mesa vista no sonho e ganhou 250 mil dólares. O caixa usou palavras iguais às que ele ouvira no sonho.

Eu, o Senhor, em visão a ele me farei conhecer, ou em sonhos falarei com ele. (NÚMEROS, 12:6)

Como o telepsiquismo nos ajuda a tomar decisões corretas

EXISTE UM PRINCÍPIO de justiça no Universo, e, quando sua motivação é justa e suas intenções são boas, não há motivo para você hesitar, vacilar ou adiar suas decisões.

Na verdade, todos os homens bem-sucedidos na vida possuem uma qualidade importante: a capacidade de tomar decisões rápidas e persistir em seus objetivos até o fim.

Ela achava que era incapaz de decidir

Recentemente, durante uma consulta, uma mulher me disse:

— Estou confusa. Não consigo tomar nenhuma decisão.

Entretanto, ela não percebia que já havia tomado uma decisão, ou seja, a de não decidir coisa alguma, o que equivale a dizer que estava deixando o inconsciente coletivo e irracional decidir por ela.

Todos nós estamos imersos em um grande mar psíquico no qual milhões de pessoas estão constantemente despejando seus pensamentos negativos, temores e frustrações. Essa mulher finalmente compreendeu que, se não decidisse, o inconsciente coletivo tomaria decisões por ela, já que se recusava a governar sua própria mente.

Começou a perceber que havia um princípio diretor em seu próprio subconsciente que responderia a seus pensamentos cons-

Telepsiquismo

cientes se esse fosse o seu desejo. Compreendeu que, se não pensasse por si mesma, estaria deixando campo aberto para que o inconsciente coletivo da humanidade tomasse todas as decisões por ela. Assim, mudou de atitude e passou a afirmar o seguinte:

> Sei que sou capaz de pensar, escolher e raciocinar. Acredito na integridade de meus processos mentais e espirituais. Quero escolher a coisa certa, e sempre que tiver que tomar uma decisão perguntarei a mim mesma: "Se eu fosse Deus, que decisão tomaria?" Tenho certeza de que, se meus motivos forem baseados na regra de ouro e nos princípios da boa vontade, só poderei chegar à decisão correta.

Essa mulher havia recebido uma proposta de casamento e não conseguia decidir-se. Depois de recitar essa oração durante vários dias, sonhou que seu noivo estava nadando em um rio muito lamacento, escuro e desagradável. E percebeu imediatamente que o subconsciente lhe revelava o verdadeiro caráter do homem.

No dia seguinte, contou o sonho ao noivo, e ele admitiu que sofria de esquizofrenia e estava fazendo um tratamento psiquiátrico. E acrescentou que tinha tendências suicidas. Eles chegaram a uma decisão harmoniosa e concordaram em desmanchar o noivado.

Essa jovem descobriu que existia uma força em seu subconsciente capaz de responder às decisões do seu consciente, e ficou muito satisfeita em evitar um erro trágico.

Temos liberdade para escolher

A liberdade para escolher e tomar decisões é o maior dom e a maior responsabilidade do indivíduo. Como diz Josué:

Como o telepsiquismo nos ajuda a tomar decisões corretas

Escolhei hoje a quem sirvais [...]. (JOSUÉ, 24:15)

Comece imediatamente a escolher as coisas que são verdadeiras, honestas, justas, puras e agradáveis.

Se há alguma virtude, e se há algum louvor, nisso pensai. (FILIPENSES, 4:8)

A coragem para decidir transformou a vida de um homem

Um homem de 50 anos perdeu seu emprego de muito tempo quando a firma em que trabalhava foi comprada por outra organização. Seus amigos e companheiros de trabalho lhe disseram: "Tom, precisa ser realista. Você tem 50 anos e é muito difícil arranjar emprego nessa idade."

Sugeri-lhe que a primeira coisa a fazer era não se deixar influenciar pelos amigos que tanto o aconselhavam a encarar a "realidade". A realidade não é permanente; está sujeita a transformações. Ele percebeu que devia concentrar sua atenção naquilo que nunca muda: a Inteligência, a Sabedoria e o Poder do Infinito que existem em nosso subconsciente.

Aconselhei-o a afirmar com decisão: "Sou guiado por Deus para um novo emprego em que meus talentos e minha experiência são apreciados, e no qual recebo um maravilhoso salário, compatível com a integridade e a justiça." E lhe expliquei que, no momento em que tomasse uma decisão consciente, o subconsciente responderia, abrindo-lhe todas as portas para a realização de seu desejo.

Esse homem sentiu uma vontade irresistível de visitar outra firma que negociava o mesmo tipo de produtos de sua antiga empresa. Mostrou ao gerente que tinha uma grande experiência e

Telepsiquismo

que poderia aumentar muito o volume de negócios da firma. Foi imediatamente contratado.

Quando você chega a uma decisão e percebe que tem muito a oferecer, e quando mostra a um empregador que é capaz de aumentar os lucros da firma, então não tem nenhuma dificuldade em arranjar emprego. Lembre-se de que você não está oferecendo sua idade ou seus cabelos brancos, mas sim seus talentos, conhecimentos, capacidade e experiência, acumulados por longo tempo de trabalho. A idade não é o passar dos anos; é o acúmulo de sabedoria.

Um bom ponto a lembrar também é que toda a água do oceano não pode afundar um navio, desde que não consiga invadir seu interior. Da mesma forma, todos os problemas, desafios e dificuldades não conseguirão vencê-lo se não entrarem em você. Shakespeare escreveu:

> Nossas dúvidas são traidoras
> E nos fazem perder os bens que poderíamos conquistar
> Se não tivéssemos medo de tentar.
> (medida por medida)

Uma oração simples e prática para tomar a decisão correta

Não se esqueça de que existe uma lei universal de ação e reação. A ação é a decisão de seu consciente, e a reação é a resposta automática de seu subconsciente, de acordo com a natureza da decisão. Para tomar sempre decisões corretas, use a seguinte prece:

> Sei que a Inteligência Infinita de meu subconsciente
> está agindo dentro de mim, revelando-me tudo de que

preciso saber. A Inteligência Infinita e a sabedoria sem limites de meu subconsciente fazem minhas decisões serem acertadas. Reconheço as indicações que chegam a meu consciente. Não posso errar. A resposta me chega clara e distinta, e agradeço a alegria da prece atendida.

Quando estiver preocupado com alguma decisão, mantenha-se calmo e afirme essas verdades com convicção. Faça isso duas ou três vezes por dia, e receberá um conselho do subconsciente, uma espécie de mensagem silenciosa de sua alma, que lhe indicará claramente o caminho a seguir. Essa mensagem pode assumir a forma de uma convicção íntima, de um palpite súbito ou de uma ideia que surge espontaneamente no consciente.

Como uma decisão rápida salvou duas vidas

O falecido Dr. David Seabury, famoso psicólogo, contou-me certa vez a história de um amigo que ficara paralítico em consequência de dois derrames. Certa vez, quando esse homem estava sozinho em casa com os dois netos, a cidade foi assolada por um terrível furacão. As autoridades recomendaram pelo rádio que fossem todos para o porão. O Dr. Seabury conta que o amigo começou a recitar em voz alta sua citação favorita da Bíblia:

Aquietai-vos, e sabei que eu sou Deus [...]. (SALMOS 46:10)

E então disse para si mesmo: "Vou salvar meus netos que estão dormindo no quarto ao lado."

Telepsiquismo

Ele chegou à decisão de tentar salvar a vida dos netos a qualquer preço. Fazendo um esforço sobre-humano, pôs-se de pé e começou a caminhar. Foi até o quarto das crianças, tomou-as nos braços e levou-as para o porão. Minutos depois, a casa foi destruída pelo furacão. Conseguiu salvar a si mesmo e às crianças; além disso, ficou totalmente curado da paralisia. Esse homem nunca havia perdido a capacidade de andar.

Entretanto, tal poder estava adormecido em seu subconsciente até que, em uma emergência, ele se esqueceu de que estava paralisado, preocupado apenas em salvar a vida das crianças. Todo o Poder do Infinito acorreu para o ponto focal de sua atenção.

A história da medicina está repleta de casos nos quais os indivíduos descobrem novas forças dentro de si para enfrentar um grande perigo. O corpo de um indivíduo pode estar paralisado, mas o Espírito (*Deus*) que o habita não pode ficar doente, mutilado ou aleijado: Ele é onipotente, onisciente e onipresente. O Espírito é a única Presença, Poder, Causa e Substância no Universo.

Ela disse: "Vou deixar que Deus decida por mim"

Recentemente, uma mulher me contou que deixava Deus decidir tudo por ela. Com isso, estava imaginando um Deus distante, fora dela, em algum lugar do céu. Expliquei-lhe que a única maneira de Deus, ou de a Inteligência Infinita, trabalhar para ela seria através de seu pensamento. Para que o Universal possa atuar no plano individual, Ele precisa se tornar o indivíduo. Ela então percebeu que Deus era o Espírito Vivo que nela habitava e que seu pensamento era criador. Percebeu ainda que era livre para escolher, que dispunha de vontade e de iniciativa, e que essas eram as bases de sua individualidade. Finalmente se decidiu a aceitar a própria Divindade e a responsabilidade de tomar decisões por si.

Você é que sabe o que é melhor para si. Não se esqueça de que, quando se recusa a tomar suas decisões, está rejeitando a Divindade que existe em você e está pensando do ponto de vista da fraqueza e da inferioridade, o que só lhe pode trazer prejuízo.

Como uma decisão transformou a vida de um homem

Há alguns anos, convidei o Dr. Emmett Fox, autor de *Sermão da montanha*, para visitar o Seventh Regiment Armory em Nova York, do qual sou membro. Ele estava interessado na história dos Estados Unidos como fora mostrada nas várias exibições daquela magnífica organização. Durante o jantar contou-me que, enquanto estava trabalhando na Inglaterra como engenheiro civil, havia assistido a uma conferência do juiz Thomas Troward a respeito do subconsciente e que a exposição lhe havia causado profunda impressão.

Durante a conferência, o Dr. Fox disse para si: "Cheguei a uma decisão. Vou para os Estados Unidos falar às massas." Cumpriu a decisão e, em questão de meses, todas as portas se abriram; ele chegou à Nova York, onde falou para cerca de 5 mil pessoas, todos os domingos, durante muitos anos. Sua decisão foi assimilada pelo subconsciente, que se encarregou de transformá-la em realidade.

Vai, e como creste te seja feito [...]. (MATEUS, 8:13)

Telepsiquismo

Não se esqueça...

1. Existe um princípio de justiça no Universo. Quando nossa motivação é justa e nossas intenções são boas, não há motivo para hesitar em nossas decisões.

2. Todos os indivíduos bem-sucedidos na vida possuem a capacidade de tomar decisões rápidas e persistir em seus objetivos até o fim.

3. Na realidade, a indecisão não existe. *Indecisão* significa simplesmente a decisão de não decidir, o que é ridículo. Se não decidirmos por nós, outros talvez o façam. Se isso não ocorrer, o inconsciente coletivo se encarregará de decidir por nós. Quando está preocupado e temeroso, e quando hesita e vacila, você não está pensando; o inconsciente coletivo está pensando por você. O verdadeiro pensamento não está sujeito a dúvidas, porque se baseia em princípios universais e verdades eternas.

4. Quando você chega a uma decisão consciente, seu subconsciente lhe oferece uma resposta definida. Isso pode acontecer em um sonho, tão nítido e realista que você não terá dificuldade em interpretá-lo.

5. A liberdade para escolher e tomar decisões é o maior dom e a maior responsabilidade do indivíduo.

6. A realidade não é permanente; tudo neste mundo está sujeito a transformações. Concentre sua atenção naquilo que nunca muda: a Inteligência, a Sabedoria e o Poder do Infinito que existem em seu subconsciente. Se perder o emprego, existe uma sabedoria dentro de você que, quando consultada, abrirá outra porta.

Como o telepsiquismo nos ajuda a tomar decisões corretas

7. Você não está oferecendo sua idade quando procura um emprego, está ofertando seus talentos, capacidade e sabedoria adquiridos pelos anos de experiência. A idade não é o passar dos anos, mas o acúmulo de sabedoria.

8. A lei da ação e da reação é cósmica e universal. Quando você chegar a uma decisão consciente, haverá uma resposta automática de seu subconsciente de acordo com a natureza da decisão.

9. Muitas vezes, o subconsciente responde sob a forma de uma certeza interior, um palpite ou uma ideia espontânea que aflora ao consciente.

10. Às vezes, em ocasiões de grande perigo, uma pessoa é capaz de realizar proezas impossíveis para salvar os entes amados. Quando sua casa foi ameaçada por um furacão, um homem paralítico desejou intensamente ser capaz de salvar os netos. Levantou-se da cadeira de rodas e carregou as crianças para o porão. Todo o Poder do Infinito acorreu para o ponto focal de sua atenção. Ele decidiu realizar seu desejo, e esse poder respondeu à altura.

11. Quando uma pessoa diz "Vou deixar Deus decidir por mim", em geral está imaginando um Deus distante. Entretanto, somos seres livres e pensantes, e devemos tomar nossas próprias decisões. O Poder Infinito não faz nada para nós, mas *por* nós, isto é, através de nossos pensamentos, palavras e obras. Devemos tomar uma decisão, e então a Inteligência Infinita de nosso subconsciente responderá de acordo com essa decisão. Aceite sua própria Divindade; se a recusar, estará rejeitando a Sabedoria e a Inteligência do Infinito que existem em você.

Telepsiquismo

12. O Dr. Emmett Fox afirmou: "Vou para os Estados Unidos falar às massas." Ele não se afastou dessa decisão, e todas as portas se abriram. Meses mais tarde, estava em Nova York, e suas conferências eram ouvidas por milhares de pessoas.

O telepsiquismo e as maravilhas de nosso subconsciente

A CARTA A seguir, escrita por uma mulher de Nova York, demonstra muito bem o maravilhoso poder curador de nosso subconsciente:

> Prezado Dr. Murphy:
> O senhor estará interessado em saber que usei a oração da página 106 da edição de capa dura de *O poder cósmico da mente* para me curar de glaucoma, depois que todos os remédios deixaram de fazer efeito. Na segunda linha da oração usei as palavras *renovando meus olhos*. Levou cinco meses. O senhor deve imaginar por que aconselho todas as pessoas doentes a lerem seu livro.
>
> G. V.
> Nova York

Esta é a oração da página 106 de *O poder cósmico da mente* que essa senhora adotou:

> A Inteligência Criadora, que fez meu corpo, está agora recriando meu sangue. A Presença Curadora sabe

Telepsiquismo

como curar e está transformando todas as células de meu organismo num perfeito modelo de Deus. Escuto e vejo o médico me dizendo que atingi a plena salvação. Tenho agora este quadro em minha mente. Vejo-o claramente e ouço sua voz. Ele me diz: "John, você está curado! É um milagre!" Sei que essa imagem construtiva mergulha no meu subconsciente, onde está sendo desenvolvida e se transformará em realidade. Sei que, agora, a Infinita Presença Curadora me restabelece, apesar de toda a evidência sensorial em contrário. Sinto isso, creio nisso e me acho agora identificado com meu objetivo — a saúde perfeita.

É fácil ver por que obteve resultados tão notáveis. Essa mulher persistiu, certa de que estava transferindo as verdades acima para o subconsciente, por meio da repetição, da fé e da convicção. O poder curador do subconsciente fez seus olhos responderem de acordo com a natureza de sua prece.

Ela rezou pedindo saúde e piorou da doença

Ontem, uma mulher me visitou e me disse que, embora estivesse rezando há mais de um mês para ter saúde perfeita, estava ficando cada vez pior. De acordo com o médico, sua úlcera era causada por preocupações crônicas e hostilidade.

Expliquei-lhe que era preciso que ela se entregasse ao poder curador do subconsciente. Ela achava que a doença era puramente física, e sua mente estava cheia de pensamentos negativos de hostilidade, ódio e ressentimento contra várias pessoas. Na realidade, inconscientemente ela se opunha aos esforços de seu médico, anulando os efeitos dos remédios que tomava.

O telepsiquismo e as maravilhas de nosso subconsciente

A mulher começou a entender que o subconsciente não aceita informações impessoais, mas apenas as convicções profundas do consciente. Além do mais, era preciso que perdoasse a si mesma, pois é muito mais fácil perdoar os outros do que a si propriamente.

Ela resolveu combater os pensamentos negativos e pensar em Deus sempre que lhe viesse à mente uma ideia destrutiva. Começou a rezar pedindo saúde, paz e felicidade para as pessoas que a cercavam. E começou a compreender que, se os pensamentos de hostilidade, ódio e ressentimento haviam causado a úlcera, pensamentos de amor e harmonia poderiam curá-la.

Ela deixou de resistir ao poder curador do subconsciente e começou a disciplinar o espírito, pensando constantemente em harmonia, paz, amor, alegria e boa vontade. Tornou-se um canal aberto para o poder criador, e o equilíbrio, a harmonia e a saúde perfeita foram restaurados.

É contraproducente rezar pedindo saúde e acreditar subconscientemente que você não pode ser curado ou abrigar emoções destrutivas. O poder curador do Infinito não funciona em uma mente contaminada.

Como um homem descobriu as maravilhas do subconsciente

Na *West Magazine* do *Los Angeles Times* de 23 de abril de 1972 foi publicado um artigo fascinante, com base nas perguntas e respostas de Digby Diehl e Bill Lear. Gostaria de citar algumas das passagens mais importantes do referido artigo:

> Começando como contínuo do Rotary Clube Internacional em Chicago, Lear transformou uma educação primária, uma grande imaginação e um notável subconsciente em uma fortuna pessoal hoje avaliada em 28 milhões de dólares...

Telepsiquismo

— Passei a vida inteira descobrindo necessidades e encontrando meios de satisfazê-las... Reúno a maior quantidade de informações que posso. Então, separo os fatos importantes e me desfaço dos outros. Mantenho sempre meu objetivo em vista, e insisto em resolver o problema pelo menor custo possível.

"O subconsciente desempenha um papel importante no processo criador... Nosso subconsciente funciona como um computador. Você fornece a ele o máximo possível de informações. Em seguida, deixa que trabalhe sozinho, e em menos de um mês terá a resposta.

"Um dos grandes defeitos de nosso sistema educacional é que não ensinamos os estudantes a utilizarem os poderes do subconsciente, pois não sabem que dispõem de um computador ligado com o Infinito, no qual está armazenado um número ilimitado de pormenores aparentemente irrelevantes, mas que, tomados juntos, permitirão obter a resposta correta.

"Você usa seu subconsciente constantemente sem saber disso. É como esquecer um nome e tornar a lembrá-lo mais tarde. Que aconteceu? Você forneceu a informação ao subconsciente e foi cuidar de outras coisas, mas o subconsciente disse 'preciso trabalhar neste problema' e acabou achando a resposta. Não ensinamos os estudantes a trabalharem assim. Eles nem sabem que têm um subconsciente... As pessoas que acham que vão ter azar acabam tendo mesmo, porque prepararam o caminho nesse sentido. As pessoas que acreditam que vão ter sorte e encontrar a resposta correta geralmente se saem muito bem, por-

O telepsiquismo e as maravilhas de nosso subconsciente

que colocaram a ideia de sucesso no subconsciente. Costumávamos ensinar as crianças a fazerem isso por meio da oração. Rezar é outra forma de transmitir instruções para o subconsciente..."

Essas são algumas das respostas que Bill Lear forneceu a Digby Diehl. Recentemente, o entrevistado inventou um ônibus para cinquenta passageiros, movido a vapor, que serviu para provar que o motor de combustão interna não é insubstituível.

Existem poderes tremendos em nosso subconsciente. Se estiver procurando a solução para um problema, procure reunir o máximo possível de informações a respeito. Em outras palavras, procure resolvê-lo através do consciente. Entretanto, se você encontrar um obstáculo aparentemente intransponível, entregue o problema ao subconsciente com fé e confiança, que seu subconsciente se encarregará do resto. Depois de sintetizar a resposta, você terá a apresentação completa a sua mente consciente.

O homem que rezou sem parar

Em uma viagem recente ao México, hospedei-me na casa de alguns amigos. Certa noite, quando estávamos conversando a respeito dos poderes do subconsciente, um dos homens presentes, que residia no México havia mais de vinte anos, tomou a palavra. Contou-me que, vinte e poucos anos antes, quando ainda morava nos Estados Unidos, havia descoberto que estava com câncer. Um médico de São Francisco lhe dera menos de três meses de vida, já que a doença havia se disseminado por todo seu corpo. Ele tinha uma filhinha de 1 ano; a mulher o abandonara, deixando-o com a criança. O veredicto do médico foi naturalmente um grande choque para ele.

Telepsiquismo

Um amigo o aconselhou a procurar tratamento em Tijuana, no México, onde os pacientes de uma certa clínica haviam experimentado melhoras miraculosas depois de um novo tratamento contra o câncer. Antes de viajar, o homem cuidou da adoção da filha, entregando-a a uma agência especializada. Depois de receber apenas dez injeções na clínica de Tijuana foi dado como totalmente curado, e até hoje não apresentou mais nenhum sinal da doença. Sem dúvida, esse homem tinha uma grande confiança no tratamento, e seu subconsciente respondeu à altura.

Mesmo que o objeto de nossa fé seja falso, nosso subconsciente pode realizar maravilhas, pois responde às nossas convicções mais profundas. No presente caso, o homem foi curado porque acreditava cegamente nas injeções que lhe aplicaram.

Depois do tratamento, ele voltou para São Francisco e tentou localizar a filha. Entretanto, não conseguiu nenhuma informação a respeito do casal que a adotara. A agência se recusou a fornecer o nome e o endereço, alegando que seria contra a ética. Então, consultou uma amiga em São Francisco. Ela lhe disse: "Reze sem parar e acabará por encontrá-la." E ele perguntou: "Como?" Ela respondeu: "Você ama sua filha, então é capaz de amá-la sem parar. Não deixe nunca de amar sua filha. Não precisa pensar nela o dia inteiro, mas seu amor por ela não pode morrer, nem dormir, nem se cansar. O amor o levará até ela."

O homem passou a rezar toda noite, usando as seguintes palavras: "O amor abrirá o caminho para que eu me encontre com minha filha." Depois de uma semana, ele teve um sonho no qual apareciam a filha e os pais adotivos. Nesse sonho viu claramente o endereço da casa onde a filha estava.

No dia seguinte, foi lá e contou ao casal que havia adotado sua filha quem ele era. E explicou que não tinha intenção de tentar recuperar a criança, mas que apenas queria vê-la. Contou-lhes a

O telepsiquismo e as maravilhas de nosso subconsciente

tristeza que havia sentido ao ser informado de que tinha apenas três meses de vida. Explicou que não queria que a criança ficasse desamparada, e que esse era o motivo pelo qual havia procurado uma agência de adoções.

O casal o tratou muito bem e lhe assegurou que seria bem-vindo sempre que quisesse rever a filha. Hoje em dia, ele e a filha se correspondem regularmente, ela já o visitou várias vezes no México. O amor desse pai se filtrou para o subconsciente, e esse, que tudo sabe e tudo vê, cuidou do resto. O amor nunca falha.

O telepsiquismo e a oração

Como já sabemos, o telepsiquismo é a comunicação com o subconsciente, que permite obter a resposta para qualquer problema. A Bíblia afirma:

> Mas dize somente uma palavra, e o meu criado há de sarar. (MATEUS, 8:8)

Uma palavra é uma ideia ou concepção claramente definida. Cura não se refere apenas às doenças físicas, mas à solução dos problemas mentais, financeiros, familiares e comerciais.

Nosso consciente é seletivo; assim, não se deixe tomar pela dúvida, pela ansiedade, pelo criticismo etc. O cético e o descrente sempre se dão mal. A palavra é a sua convicção, aquilo em que você realmente acredita. A oração eficaz não é feita às pressas ou à força. Tentar obrigar seu subconsciente a fazer alguma coisa é como dizer: "Preciso resolver este problema até sábado; é extremamente importante."

Em vez de se sentir ansioso ou tenso, entregue seu pedido mansamente, com fé e confiança, ao Poder Infinito do subconsciente,

Telepsiquismo

sabendo que, assim como a semente que você deposita no solo se reproduz conforme sua espécie, assim haverá uma resposta de acordo com seu pedido.

Como o filho resolveu o problema do pai

Recentemente, um homem me contou que estava ameaçado de ir à falência. Estava desesperado, pois sabia que seu fracasso causaria o sofrimento de muitas pessoas. Pediu ao filho para rezar a Deus pedindo paz e liberdade e lhe explicou que "papai está com um problema". De repente, alguns amigos resolveram ajudá-lo e a situação foi sanada.

Dias antes, um anjo havia aparecido ao filho em sonho e contado que o problema do pai seria resolvido. A criança acreditou sem pestanejar. Devemos rezar como crianças, no sentido de que uma criança não é desconfiada, cínica ou indiferente. O orgulho espiritual é o maior inimigo da oração. Acalme-se, relaxe, confie no subconsciente e tenha a fé de uma criança. Você também receberá uma resposta.

Como um banqueiro usa o subconsciente

Um banqueiro amigo meu resolve seus problemas afirmando o seguinte:

> Penso na Presença Infinita que existe em mim e medito no fato de que Deus é Sabedoria Ilimitada, Poder Infinito, Amor Infinito, Inteligência Infinita, e nada é impossível ao Infinito. Deus está atendendo a este pedido, e aceito a resposta agora, neste instante. Obrigado, Pai.

Contou-me que essa técnica de humildade e receptividade nunca falha.

Toda vez que um pensamento negativo passar por sua mente, ria dele. Relaxe mentalmente.

Dize somente uma palavra, e o meu criado há de sarar.
(MATEUS, 8:8)

Como sentir a alegria da prece atendida

Muita gente afirma que não pode experimentar uma sensação a respeito de uma coisa que ainda não aconteceu. Ora, se eu lhe contasse que aconteceu uma coisa maravilhosa, mas não relatasse os pormenores, você não poderia experimentar uma sensação de alegre expectativa? Da mesma forma, você pode sentir a alegria da prece atendida.

Não se esqueça...

1. Uma mulher conseguiu se curar de glaucoma afirmando, sentindo e sabendo que a Inteligência Criadora de seu subconsciente, que criou seus olhos, haveria de curá-los. Ela afirmava frequentemente: "A Inteligência Criadora que fez meu corpo está agora renovando meus olhos." Também imaginou o médico lhe contando que havia ocorrido um milagre e que ela estava totalmente curada.

2. Uma mulher não conseguia resultados quando rezava pedindo para ficar boa de uma úlcera porque abrigava ressentimentos, hostilidade e má vontade para com várias pessoas. Esses pensamentos negativos bloqueavam o efeito dos remé-

dios e com isso ela ficava cada vez pior. Finalmente, decidiu se perdoar por abrigar esses pensamentos abomináveis e passou a pensar em Deus. Ao mesmo tempo, desejou o bem para todos que a cercavam e logo ficou boa.

3. Bill Lear, inventor do ônibus a vapor e outras extraordinárias criações, atribui todos os seus sucessos ao subconsciente. Ele estuda um projeto de engenharia ou de pesquisa sob todos os ângulos possíveis, e, quando se vê diante de uma dificuldade aparentemente insuperável, entrega o projeto ao subconsciente, que continua trabalhando silenciosamente no problema. Quando Bill Lear está trabalhando em outra coisa e já se esqueceu completamente do projeto original, o subconsciente lhe apresenta a resposta. Já ganhou mais de 28 milhões de dólares com as ideias que o subconsciente lhe fornece regularmente.

4. Podemos rezar sem parar, mesmo se não rezarmos o dia inteiro. Rezar também significa pensar de forma positiva e construtiva. Um homem ama sua filha; esse amor nunca morre, vacila ou fica cansado. Ele está ocupado durante o dia, mas, sempre que pensa na filha, seu rosto se ilumina. O amor não morre nem envelhece; é eterno. Um homem cuja filha foi adotada queria vê-la de novo, e o subconsciente respondeu a seu amor e lhe mostrou onde a filha estava.

5. Não adianta querer obrigar o subconsciente a fazer alguma coisa. Acalme-se, relaxe o espírito e faça seu pedido com fé e confiança, com a certeza de que será atendido.

6. Um homem ameaçado de ir à falência estava apavorado e pediu ao filho para rezar por ele. A criança tinha certeza absoluta de que Deus estava velando pelo pai, e o subconsciente

O telepsiquismo e as maravilhas de nosso subconsciente

lhe apareceu sob a forma de um anjo, que lhe assegurou que o pai se sairia bem da situação. Alguns amigos o ajudaram e ele conseguiu se recuperar financeiramente. Quando rezamos, devemos deixar de lado nosso ego e nosso falso orgulho, e aceitar como verdade o que nossa razão e nossos sentidos não querem admitir.

7. Um banqueiro consegue resolver os mais difíceis problemas pensando em Deus sob todos os ângulos: Amor Sem Limites, Harmonia Absoluta, Sabedoria Infinita, Inteligência Infinita e Poder Universal. Então diz a seu Eu Superior: "Você está atendendo a este pedido, e aceito a resposta agora, neste instante." Os resultados são maravilhosos.

8. Se você estivesse viajando no deserto e estivesse com muita sede, não sentiria uma alegria antecipada quando visse um oásis a distância? Da mesma forma, pode experimentar antecipadamente a alegria que sentiria se sua prece já tivesse sido atendida. Não ficaria contente se quisesse vender sua casa e aparecesse um comprador disposto a pagar o preço pedido? Inverta o processo, e a alegria antecipada que você sentir atrairá o comprador. A cada ação corresponde uma reação.

O poder do telepsiquismo que traz a você as coisas boas da vida

NA SEMANA PASSADA tive uma entrevista com uma mulher que estava terrivelmente deprimida porque o marido, depois de trinta anos de casamento, estava disposto a deixá-la por outra. Expliquei--lhe o significado da seguinte frase:

> Estou cheio de consolação; transbordo de gozo em todas as nossas tribulações. (2 CORÍNTIOS, 7:4)

Quer dizer que, aconteça o que acontecer, devemos estar certos de que Deus, o Espírito Vivo em nosso subconsciente, nos reserva algo de maravilhoso, e que tudo que temos a fazer é abrir a mente e o coração para receber as dádivas do Eu Superior.

Sugeri-lhe que não procurasse prendê-lo e que desejasse para ele todas as bênçãos da vida, pois o verdadeiro amor é sempre livre. Acrescentei ainda que o certo para ele seria o certo para ela. A mulher atendeu meu conselho e concordou com o divórcio. E passou a afirmar com convicção: "Sinto-me grata pelas maravilhas que Deus está fazendo por mim."

A consequência dessa atitude telepsíquica, que significa simplesmente uma comunicação consciente e uma aceitação plena da

O poder do telepsiquismo que traz a você as coisas boas da vida

sabedoria do subconsciente, foi que o ex-marido, agora casado com outra mulher, reagiu de forma extraordinária. Ele lhe concedeu 50 mil dólares a mais do que havia sido estabelecido em juízo. Tempos mais tarde, o advogado que cuidara do divórcio a pediu em casamento, e hoje os dois vivem muito felizes. (Tive o privilégio de oficiar a cerimônia.)

— Agora sei que o telepsiquismo é a comunicação com o Infinito — disse-me ela.

Essa mulher compreendeu o significado de *rejubilar-se nas atribulações*; isso não quer dizer que você está satisfeito com a dor ou com a doença, mas sim que você sabe que existe uma Presença Infinita sempre pronta a restaurar seu bem-estar e sua tranquilidade, contanto que você abra sua mente e seu coração para recebê-la. Além disso, você se rejubila porque sabe que os caminhos da Vida Infinita levam à liberdade, à alegria, à felicidade, à paz e à vitalidade; em outras palavras, a uma vida mais abundante. A Vida está sempre procurando se expressar em níveis mais elevados por intermédio de você. Pratique o telepsiquismo; comunique-se com as riquezas infinitas do subconsciente e receberá uma resposta maravilhosa.

O telepsiquismo trouxe sucesso na vida de um homem

Há alguns anos conversei com um homem de grande cultura, mas que, como ele próprio dizia, não conseguia fazer nada que prestasse, pois não sabia se comunicar com o subconsciente.

Expliquei-lhe que existe uma relação definida entre nossas imagens mentais e o sucesso na vida. Ninguém pode ser bem-sucedido se não se identificar com o sucesso.

Esse homem estava acostumado a se identificar com a confusão, o medo e o fracasso. Depois de nossa conversa, adotou uma nova atitude e passou a afirmar:

> Agora estou identificado mental e emocionalmente com o sucesso, a harmonia, a paz e a abundância. Tenho certeza de que deste momento em diante passo a ser o centro magnético de atração que canaliza os poderes de meu subconsciente e transforma minhas ideias em realidade.

Ele afirmava essas verdades com convicção várias vezes por dia. Sempre que lhe ocorria algum pensamento negativo repetia as palavras: "O sucesso e a riqueza estão a meu alcance." Com o tempo, os pensamentos negativos perderam toda a força e ele se tornou um pensador construtivo, um homem que pensa do ponto de vista dos princípios e das verdades eternas.

Nessa comunicação com sua própria alma, que chamamos de telepsiquismo, ele se viu possuído de um intenso desejo de ensinar as leis mentais e espirituais. Hoje em dia, é um ministro que ensina as leis da mente. Adora seu trabalho, e sua vida é um sucesso completo. Quando começou a se comunicar com o subconsciente da maneira correta, obteve uma resposta que lhe revelou seu verdadeiro lugar na vida e, ao mesmo tempo, lhe abriu todas as portas para a realização de seus desejos.

Quando está fazendo aquilo de que gosta você se sente feliz, e sua vida é bem-sucedida.

O telepsiquismo nos ensina que a lei que nos oprime é a lei que nos liberta

Pense no bem e receberá o bem; pense no mal e receberá o mal. Você pode usar qualquer poder de duas formas opostas. Caso se concentre conscientemente na harmonia, saúde, paz, abundância e retidão, e ocupe sua mente com esses pensamentos positivos, você

O poder do telepsiquismo que traz a você as coisas boas da vida

colherá o que plantou. Se, por outro lado, só pensar em fracasso, miséria, discórdia e doença, experimentará o resultado dessa forma negativa de pensar.

A concentração frequente nas verdades divinas fará maravilhas por você. O mesmo vento que atira um navio contra as rochas pode levá-lo em segurança até o porto. "Um navio vai para leste e outro para oeste/ E é o mesmo vento que sopra/ São as velas e não o vento/ que nos dizem para onde ir."

Tennyson afirmou: "As orações conseguem muito mais coisas do que imaginamos." A prece é um modo de pensar; é uma atitude mental construtiva, baseada na certeza de que tudo que imprimimos no subconsciente acaba por se transformar em realidade.

Como um menino salvou a vida da mãe por meio do telepsiquismo

Um menino de 10 anos, que escuta meu programa de rádio toda manhã, escreveu-me uma carta contando que toda noite, antes de dormir, reza a seguinte oração que lhe enviei há alguns meses:

> Durmo em paz, acordo com alegria. Deus nos ama e toma conta de nós. Deus me diz tudo o que preciso saber, a todo momento e em qualquer lugar.

Esse menino costumava ter frequentes pesadelos, mas, usando a prece acima toda noite, conseguiu curar-se desse mal.

Certo dia, a mãe do menino estava na cozinha preparando o jantar. O garoto havia acabado de chegar da escola. De repente, entrou na cozinha, gritando: "Mamãe, saia já daqui! Vai haver uma explosão!" A mãe olhou para ele, viu sua expressão de susto, e os dois saíram correndo para o quintal. Segundos depois, houve uma

Telepsiquismo

tremenda explosão na cozinha, provavelmente causada por um escapamento de gás, que destruiu parte da casa. O menino ouvira uma voz interior que o prevenia do perigo.

O telepsiquismo é assim. Todas as noites esse menino afirma com convicção que Deus, ou a Inteligência Infinita, está tomando conta dele e da mãe, e que vai mantê-lo informado de tudo o que for necessário. Sua constante comunicação com o subconsciente lhe permitiu salvar a vida da mãe.

Como uma jovem usou o telepsiquismo para acabar com "as duas raposas"

Há alguns meses conversei com uma jovem que havia acabado de se divorciar pela quarta vez. Sua mente havia sido tomada pelas "duas raposas" — o ciúme e o ressentimento — , que são verdadeiros venenos mentais. O ressentimento que sentia pelo primeiro marido, que ela nunca havia perdoado, a fazia atrair homens do mesmo tipo, de acordo com as leis da atração subconsciente. Assim, ela mesma era a culpada pelo fracasso dos casamentos.

Começou a perceber que o ressentimento (uma "raposa") é uma emoção negativa e destrutiva, uma dor psíquica que debilita o organismo e provoca a autodestruição.

A outra "raposa" é o ciúme, que é filho do medo e provoca um profundo sentimento de insegurança e inferioridade. Como frequentemente acontece, bastou essa mulher reconhecer a verdadeira origem de seus problemas para conseguir a cura. Ela percebeu que o ciúme consiste em colocar outra pessoa em um pedestal e em nos diminuir. Parou então de se comparar com os outros e começou a perceber que era única, que não havia nenhuma pessoa no universo igual a ela e que tinha a capacidade de realizar todos seus desejos com o auxílio do subconsciente. Passou a recitar com convicção a seguinte oração:

> Entrego todos os meus ex-maridos a Deus e desejo sinceramente para eles todas as bênçãos da vida. Sei que a felicidade deles é a minha felicidade e o sucesso deles é o meu sucesso. Sei que o amor e o ciúme não podem morar na mesma casa. Afirmo conscientemente que o amor de Deus enche minha alma, e a paz de Deus inunda minha mente. Estou agora atraindo um homem que combina comigo em tudo: existe amor, liberdade e respeito entre nós. Perdoo a mim mesma por abrigar pensamentos negativos. Sempre que a imagem de um de meus ex-maridos vem à minha mente, substituo essa velha imagem por outra, bondosa e pacífica. Quando a imagem de meus ex-maridos vem à minha mente, não sinto mais rancor. Estou em paz.

Ela passou a reiterar essas verdades várias vezes por dia, sabendo que, dessa forma, estava imprimindo-as no subconsciente. Experimentou uma transformação interna e externa e, hoje, está casada com um ministro de Deus, e cada vez se sente mais feliz.

Essa mulher aprendeu que o ressentimento é a corrente que nos prende à pessoa por quem nutrimos maus sentimentos. Quando perdoamos e abençoamos a pessoa que nos fez mal, ficamos livres. Quando o perdão é sincero, a imagem dessa pessoa não nos causa mais rancor, pois estamos em paz. O amor e a boa vontade afugentam...

As raposinhas, que fazem mal às vinhas. (CÂNTICOS, 2:15)

Telepsiquismo

Não se esqueça...

1. Rejubilar-se nas atribulações parece paradoxal. Isso significa, entretanto, que você tem certeza de que o Poder Infinito haverá de curá-lo, enxugar suas lágrimas e lhe assegurar uma vida feliz e tranquila. Uma mulher que foi abandonada pelo marido agradeceu a Deus pelas maravilhas que o futuro lhe reservava. Depois de adotar essa atitude mental por algum tempo, descobriu que o ex-marido estava disposto a lhe conceder uma generosa pensão, e pouco depois conheceu o homem de seus sonhos, com o qual vive feliz até hoje.

2. Ninguém pode ser bem-sucedido a não ser que se identifique com o sucesso. Sature sua mente com as ideias *sucesso e abundância* e, quando algum pensamento negativo de medo ou fracasso atravessar sua mente, combata-o imediatamente com ideias de sucesso e abundância. Depois de certo tempo, sua mente ficará *condicionada* a só pensar nesses termos. Comunicando-se dessa forma com o subconsciente você descobrirá seus verdadeiros talentos, e sua vida será bem--sucedida em todos os sentidos.

3. A lei que nos oprime é a mesma que nos liberta. Pense no bem e receberá o bem; pense no mal e receberá o mal. Mesmo que você já tenha imprimido no seu subconsciente as ideias negativas de fracasso, miséria, discórdia e doença poderá remediar a situação, enchendo a mente com pensamentos de sucesso, prosperidade, paz, harmonia e retidão. Assim, você apagará as ideias antigas, e seu subconsciente o libertará das velhas barreiras.

4. Um menino de 10 anos salvou a mãe de uma explosão na cozinha. Ele praticava o telepsiquismo toda noite, comuni-

cando-se com a sabedoria do subconsciente, pedindo que o amor e a inteligência do Poder Superior velassem por ele e pela mãe. O subconsciente, que sabia que havia um vazamento de gás na cozinha onde a mãe estava, avisou o menino, que conseguiu tirá-la da cozinha a tempo. É assim que funciona o telepsiquismo. Existe um Poder Superior em nós que tudo sabe e tudo vê e, quando pedimos a esse poder que nos revele tudo que precisamos saber, ele invariavelmente nos atende.

5. O *ressentimento* é um veneno mental que pode nos roubar toda a vitalidade, entusiasmo e energia. O *ciúme* é filho do medo e provoca um profundo sentimento de insegurança e inferioridade. Uma mulher possuída por essas duas "raposas" já havia passado por quatro casamentos, cada qual pior que o anterior. Seus sentimentos de ciúme e ressentimento a faziam atrair homens do mesmo tipo do primeiro marido, de acordo com a lei da atração. Ela se libertou mentalmente dos quatro, desejando-lhes saúde, paz e felicidade, sabendo que assim poderia pensar neles sem nenhum rancor. Esse exercício mental e espiritual surtiu bons resultados: ela conheceu um ministro de Deus, os dois se casaram e hoje são muito felizes... O amor e a boa vontade afugentam...

As raposinhas, que fazem mal às vinhas. (CÂNTICOS, 2:15)

Como deixar o telepsiquismo transformar sua vida

A CARTA QUE se segue, escrita por um ouvinte de rádio e leitor de um de meus livros mais populares, *O poder do subconsciente*, fala por si. O autor da carta me autorizou a publicá-la, incluindo seu nome e endereço:

Los Angeles, CA.

Prezado Dr. Murphy:

Há cerca de cinco anos comecei a ouvir seu programa de rádio, que logo me atraiu a atenção porque o senhor era tão direto, enfático e positivo em suas afirmações, muitas das quais diametralmente opostas a tudo que havia aprendido em meus 50 anos de existência. Minha vida era um caos, tanto no plano financeiro como nos planos espiritual e doméstico; assim, achei que não teria nada a perder se procurasse seguir seus ensinamentos.

Comecei a assistir a suas conferências no Wilshire Ebell Theatre, todo domingo de manhã, e comprei seu livro *O poder do subconsciente*. Essa obra me levou a reformular totalmente minha maneira de pensar.

Como deixar o telepsiquismo transformar sua vida

E com isso, naturalmente, toda minha vida mudou para melhor.

Quando comecei a assistir a suas conferências, meu carro era tão velho que costumava estacioná-lo a certa distância do Wilshire Ebell. Não tinha emprego, nem mesmo sabia que tipo de trabalho devia procurar, e morava com a família em um pequeno apartamento, cujo aluguel estava vários meses atrasado. Eu estava desesperado, sem saber o que fazer para melhorar minha situação.

Pois muito bem, Dr. Murphy, as coisas *mudaram realmente*, tanto que às vezes sinto vontade de me beliscar para ter certeza de que não estou sonhando, de que todas essas coisas maravilhosas estão realmente acontecendo. E devo tudo ao senhor, porque foram seus ensinamentos que me mostraram o caminho certo. Desde então, já tive o prazer de ler quase todos os seus livros. Hoje, tenho um negócio próprio que está prosperando rapidamente; sou proprietário de uma bela casa; eu e minha mulher temos bons carros. Fizemos muitos amigos maravilhosos; todos os nossos filhos (seis) são muito felizes no casamento e estão em ótima situação financeira. Tenho tudo que sempre desejei na vida.

Gostaria de contribuir com 5 dólares por mês para seu programa de rádio para que o senhor continue sempre a orientar pessoas como eu. Agradeço-lhe do fundo do coração, e que Deus o abençoe e o cumule de graças.

Cordialmente,
Louis Menold

Telepsiquismo

P.S.: O senhor pode usar este testemunho da forma que lhe aprouver, incluindo nome e endereço, que é o seguinte: 2688 Banbury Pl., Los Angeles, Ca. 90065.

Como o telepsiquismo fez maravilhas por um construtor

Há alguns dias, em uma conversa muito interessante que tive com um construtor, ele me contou que durante mais de trinta anos quase todos os seus problemas importantes foram resolvidos através de sonhos. Toda noite, antes de dormir, ele se dirige ao subconsciente da seguinte forma:

Vou sonhar esta noite e eu me lembrarei do sonho de manhã. A solução virá no sonho, e no momento em que acordar escreverei a resposta em um pedaço de papel que guardo na mesinha de cabeceira.

Ele vem usando essa técnica há muitos anos, sempre com ótimos resultados. Recentemente, precisava de 500 mil dólares, mas todos os bancos recusaram seu pedido de empréstimo. No sonho, um velho amigo banqueiro apareceu e lhe disse: "Eu empresto o dinheiro." Ele acordou imediatamente e tomou nota da mensagem. Na manhã seguinte, telefonou para o amigo, a quem não encontrava havia quase vinte anos. E conseguiu o empréstimo sem nenhum problema.

Numa outra vez, quando estava tendo problemas com o filho, a mãe lhe apareceu em um sonho. Ela lhe disse que o rapaz queria ser padre e aconselhou o homem a deixar que o filho seguisse sua vocação. Conversando com o filho, descobriu que essa era a melhor solução, e nunca mais teve problemas com o rapaz.

Esse construtor pedia ao subconsciente, que sabe de tudo, para revelar-lhe as respostas através de sonhos, e, como o subconsciente é muito suscetível a sugestões, responde de acordo com sua natureza. As pessoas que apareciam em seus sonhos eram apenas projeções do subconsciente, revelando-lhe as respostas de uma forma que despertasse sua atenção e assegurasse sua completa confiança. Assim, os sonhos sugeriram sempre as atitudes mais corretas a tomar para resolver seus problemas pessoais.

Comece imediatamente a resolver seu problema

Faça como o construtor. Antes de ir dormir concentre sua atenção no problema mais difícil que você tiver no momento, e espere com confiança que a resposta lhe seja revelada através de um sonho. Ainda que o problema lhe pareça insolúvel, verá o subconsciente fornecer a solução correta.

Como ela venceu a frustração

Recentemente, tive uma longa conversa com uma mulher que dizia que a sogra a estava "deixando maluca"; ela repetia essa declaração como um disco arranhado. Expliquei-lhe que o subconsciente aceita literalmente o que afirmamos e, se ela continuasse a repetir que estava ficando maluca, o subconsciente tomaria essa afirmação como um pedido, encarregando-se de provocar um desequilíbrio mental, talvez beirando alguma forma de psicose.

Aceitando minha ponderação de que a sogra não tinha nenhum poder sobre ela, a mulher resolveu mudar de atitude e passou a afirmar com convicção:

> Meu corpo está aqui, nesta casa, mas meus pensamentos e sentimentos estão com a Presença Infinita. Deus é meu guia, meu conselheiro e minha força. A paz de Deus enche minha alma e tudo vai bem. Nunca mais darei poder a ninguém, exceto ao Espírito que existe dentro de mim, que é Deus.

Assim, a mulher conseguiu dominar seus pensamentos negativos e, sempre que pensava na sogra, ou quando ela fazia alguma observação desagradável, repetia para si mesma: "Deus é meu guia, e Ele pensa, fala e age por mim. Você não pode fazer nada contra mim."

Praticou essa técnica durante uma semana; depois desse tempo, a sogra simplesmente arrumou as malas e foi embora.

Essa mulher só conseguiu resolver o problema depois de descobrir que a sogra não era a causa de suas perturbações mentais e espirituais. Não devemos dar poder às pessoas, condições ou circunstâncias, mas oferecer toda a nossa devoção e lealdade ao Poder Criador que existe dentro de nós: o Espírito Vivo Todo-Poderoso.

Por que ninguém nos pode fazer mal

Recentemente, um político me contou que já havia sido caluniado, difamado e acusado de toda a sorte de indignidades, mas que havia aprendido a não se deixar abater por essas acusações. E explicou que sabia que não eram as ações e declarações dos outros que importavam, mas o efeito que produziam sobre ele mesmo. Em outras palavras, o importante era o movimento de seus próprios pensamentos; assim, ele estava acostumado a identificar-se com a Presença Divina, afirmando: "A paz de Deus enche minha alma e meu coração. Deus me ama e vela por mim."

Como deixar o telepsiquismo transformar sua vida

Esse político aprendeu a se proteger das calúnias identificando-se com o Eu Superior, atitude que já se transformou em hábito, e assim se tornou imune às acusações que de tempos em tempos são lançadas contra ele.

Como o telepsiquismo resolveu uma situação desesperadora

Quando terminei uma conferência no Wilshire Ebell Theatre, um homem pediu para conversar comigo. Sua voz era tranquila, e seus olhos brilhavam com uma luz interior. Contou-me que, algumas semanas antes, seus dois filhos haviam morrido no Vietnã, a mulher havia falecido de câncer no cérebro, e a filha, de uma dose excessiva de LSD durante a longa doença da mulher; além disso, seus sócios haviam roubado tanto dinheiro que sua empresa faliu.

Depois de tantos golpes seguidos, ele havia passado algum tempo em estado de choque. Finalmente, sua fiel secretária lhe ofereceu o livro *O milagre da dinâmica da mente*, que ele leu com avidez, particularmente o capítulo que trata da morte de entes queridos. Essa leitura abriu para ele novos horizontes e lhe proporcionou uma nova visão da vida. A confusão mental desapareceu, e o homem passou a experimentar um sentimento de profunda paz interior. A pesada carga que sentia nos ombros se desvaneceu, e sua vida adquiriu um novo significado.

Depois da conferência, cujo título era "Espere sempre o melhor da vida", ele pediu a secretária em casamento, e ela aceitou. Uma semana depois tive a honra de oficiar a cerimônia.

Hoje em dia, esse homem conseguiu se recuperar totalmente e é um importante funcionário do governo, com um salário bastante elevado, compatível com sua integridade e honestidade.

Como você pode ver, nenhuma situação é desesperadora quando podemos contar com o Infinito que existe dentro de nós.

Telepsiquismo

Como ele praticava a terapia das palavras

O falecido Dr. Dan Custer, de São Francisco, que ensinou a Ciência da Mente naquela cidade durante muitos anos e era um grande amigo, praticava o que chamava de *terapia das palavras*. Por exemplo: quando se sentia tenso, repetia várias vezes a palavra *paz*. Sempre que tinha medo de alguma coisa, dizia: *segurança*, e sempre que se via diante de um problema sério repetia: *vitória*.

O Dr. Custer dizia que esse método era infalível. Sempre que ele invocava essas palavras, estava na realidade despertando os poderes latentes do subconsciente, e esses poderes lhe garantiram uma vida feliz e produtiva.

Não se esqueça...

1. Um homem que há cinquenta anos vinha pensando negativamente leu *O poder do subconsciente* e transformou uma vida caótica em uma vida de paz e felicidade. Para isso, bastou recorrer à sabedoria do subconsciente.

2. Um bom método para facilitar a comunicação com o subconsciente é repetir toda noite antes de dormir: "Vou sonhar esta noite e me lembrarei do sonho de manhã. A solução me será dada no sonho, e no momento em que acordar escreverei a resposta em um pedaço de papel que guardo na mesinha de cabeceira." Seu subconsciente aceitará a sugestão e lhe dirá tudo o que você precisa saber.

3. Antes de ir dormir, concentre sua atenção no problema mais difícil que tiver no momento, e o subconsciente trabalhará na solução enquanto você estiver dormindo, apresentando-lhe a resposta provavelmente através de um sonho.

Como deixar o telepsiquismo transformar sua vida

4. Nosso subconsciente aceita literalmente o que afirmamos. Ninguém tem o poder de nos perturbar sem nosso consentimento. Seu corpo pode estar em casa, mas seus pensamentos e sentimentos podem estar com a Presença Infinita. A outra pessoa nunca é a causa de seus problemas; a causa está na sua própria mente. Volte-se para o Infinito e pense, fale e proceda do ponto de vista Divino. Abençoe os inimigos; reze para que encontrem seu lugar na vida, como você encontrou o seu. Tudo acabará bem.

5. Não são as atitudes dos outros que perturbam você; é o modo como você reage a essas coisas. Torne-se imune, contemplando a presença de Deus dentro de si. Faça disso um hábito e criará anticorpos espirituais para os pensamentos negativos das outras pessoas.

6. Nenhuma situação é desesperadora. Quando perder um ente querido, lembre-se de que todo fim é um começo e se rejubile pelo renascimento do ser amado. Os "mortos" estão vivendo na quarta dimensão e têm novos corpos. Eles merecem seu amor, suas preces e suas bênçãos para que enfrentem a nova jornada. Um homem leu "Todo fim é um começo", um capítulo de *O milagre da dinâmica da mente*, e toda sua vida sofreu uma enorme transformação.

7. A *terapia das palavras* é fácil de praticar. Quando estiver com medo, afirme para você mesmo: *segurança*; quando estiver confuso, afirme: *paz*; quando tiver um problema, afirme: *vitória*; quando se sentir ansioso, afirme: *tranquilidade*. Repetindo essas palavras, você estará despertando os poderes latentes do subconsciente, que lhe garantirão uma vida feliz e profícua.

Como o telepsiquismo pode dar o poder de uma nova autoimagem

HÁ ALGUNS MESES, voei para Reno a pedido de um casal em uma união de vinte anos e que agora pensava em se divorciar. Conversando com eles, descobri que a mulher estava acostumada a humilhar o marido, e várias vezes lhe dissera palavras obscenas em lugares públicos e em reuniões sociais. Segundo ele, a esposa vivia acusando-o de infidelidade, embora não tivesse razão alguma para isso.

Um caso grave de descontrole

Essa mulher estava sujeita a violentos acessos de raiva, era profundamente ciumenta e se recusava a admitir qualquer responsabilidade pela situação em que se encontrava seu casamento. O marido era um tipo passivo; totalmente submisso às explosões tirânicas da mulher. Naturalmente, para um homem aceitar esse tipo de comportamento por parte da esposa, é porque também deve ter alguma culpa.

Ela me contou que vinha de um lar em que a mãe dominava totalmente o pai e o traía a torto e a direito. E continuou:

— Minha mãe não tinha princípios morais. Era cruel e relaxada, e meu pai era um tolo acomodado, totalmente cego ao

Como o telepsiquismo pode dar o poder de uma nova autoimagem

que estava acontecendo e completamente subserviente em relação a ela.

Expliquei-lhe a razão de seu comportamento. Em primeiro lugar, não havia recebido nenhum amor ou afeição real quando criança. Sua mãe provavelmente sentia ciúmes dela, fazendo-a sentir-se inferior e rejeitada. Em consequência, durante os últimos vinte anos ou mais, ela vinha construindo defesas contra o mundo. O ciúme mórbido que sentia resultava de um senso de medo, insegurança e inferioridade. Na verdade, o problema básico era que ela se recusava a dar amor e boa vontade.

Os efeitos da frustração

O marido estava com úlcera e pressão alta, além de sofrer muito com a situação, que lhe causava um ressentimento profundo, mas era tão tranquilo que nunca havia dito uma palavra. Ele aguentara esse caos doméstico durante mais de vinte anos.

Ambos começaram a se autoanalisar, e a mulher de repente percebeu que, inconscientemente, havia escolhido um homem fraco, que permitia que ela o manipulasse, tiranizasse e emasculasse sem esboçar a menor resistência. Chegou à conclusão de que nunca havia conhecido o amor verdadeiro. O ciúme doentio que sentia pelo marido era, na realidade, consequência da falta de amor na infância; além do mais, começou a perceber que se casara com a imagem do pai.

— Cheguei finalmente ao limite de minha paciência. — disse-me o marido. — Meu médico me aconselhou: "Caia fora." Ela está tornando minha vida insuportável.

Eles concordaram, entretanto, em fazer uma tentativa para salvar o casamento. Para isso, a mulher teve que concordar em parar de dizer e fazer todas as coisas que feriam e humilhavam o marido. Ele, por sua vez, prometeu defender seus direitos, prerrogativas e privilégios de homem e marido.

Telepsiquismo

O tratamento do espelho

Pedi aos dois que recitassem a mais simples de todas as preces. É o chamado "tratamento do espelho". Ela concordou em se colocar diante do espelho três vezes por dia e afirmar com confiança:

> Sou filha de Deus. Deus me ama e vela por mim. Irradio amor, paz e boa vontade para meu marido e todos os seus amigos. Toda vez que penso no meu marido, afirmo: "Gosto de você e quero ser boa para você." Vivemos juntos uma vida feliz, alegre e harmoniosa, e o amor de Deus está conosco.

Ela decorou essa oração, e, quando a repetia diante do espelho, sabia que essas verdades calariam fundo no subconsciente e se transformariam em realidade, pois nossa mente é como um espelho que reflete tudo que colocamos diante dela. A perseverança trouxe recompensas e, dois meses mais tarde, quando ela foi me visitar em Beverly Hills, eu me vi diante de uma nova mulher — afável, simpática, gentil e satisfeitíssima com sua nova vida.

A receita espiritual para o marido era se colocar diante do espelho duas vezes por dia e afirmar:

> Você é forte, poderoso, amoroso, harmonioso, iluminado e inspirado. Você é feliz, próspero e bem-sucedido na vida. Ama sua esposa e é amado por ela. Sempre que pensa nela, você diz: "Gosto de você e quero ser bom para você." Agora, existe harmonia onde reinava a discórdia, paz onde havia dor, e amor onde havia ódio.

Como o telepsiquismo pode dar o poder de uma nova autoimagem

A explicação foi a cura. Esse homem percebeu que ao afirmar essas verdades a respeito de si — embora, a princípio, pudesse considerar-se um hipócrita —, gradualmente, através da repetição, elas terminariam por atingir seu subconsciente. Como a lei do subconsciente é compulsiva, os dois foram compelidos a expressar o que haviam impresso no subconsciente; pois essa é a lei da mente.

Como um jovem conseguiu uma nova autoimagem

Recentemente, conversei com um rapaz cheio de problemas, cuja tia o havia trazido para falar comigo. Durante a conversa, tornou-se óbvio que ele tinha uma imagem de uma mãe tirânica, que nunca lhe oferecera amor ou compreensão. Até onde ele podia se lembrar, desde a infância até os 15 anos a mãe havia imposto sua obediência por meio de críticas e punições físicas.

Com 18 anos, esse rapaz estava tendo sérios problemas com as namoradas. Ele dizia que tinha uma grande dificuldade de comunicação. A tia me contou que havia levado o jovem para morar em sua casa, onde reinavam a paz e a harmonia, mas ele parecia sentir inveja e ciúme dos primos, que tinham pais tão amorosos e compreensivos.

Expliquei a ele que sua atitude atual era simplesmente um mecanismo de defesa, que o fazia rejeitar as pessoas que se mostravam amáveis e bem-intencionadas, e que tudo se devia às experiências traumáticas de sua infância. O pai havia abandonado a mãe quando ele tinha 1 ano de idade, e o jovem sentia um ódio terrível desse homem que nunca havia conhecido.

Começou a compreender que sem dúvida sua mãe odiava a si mesma, pois não podemos odiar ninguém se não nos odiarmos. E ela estava projetando o ódio que sentia de seu ex-marido no filho e em todos que a cercavam.

Telepsiquismo

Não foi difícil curar o rapaz. Expliquei-lhe que tudo que tinha a fazer era mudar sua imagem da mãe. Quando lhe expliquei as leis da mente, ele percebeu que a imagem que tinha da mãe era também sua autoimagem, que ajudava a determinar sua personalidade.

A técnica que lhe recomendei foi a seguinte: ele devia imaginar a mãe como uma pessoa feliz, alegre e amorosa. Devia imaginá-la sorrindo, abraçando-o com carinho e dizendo para ele: "Gosto muito de você. Que bom que voltou."

Depois de seis semanas, tive notícias do rapaz. Ele está morando novamente com a mãe e arranjou um ótimo emprego em uma firma de eletrônica. Conseguiu se libertar da antiga imagem da mãe, que só lhe trazia problemas. Ao mesmo tempo, criou uma nova, que transformou sua vida. O amor divino entrou em seu coração, e o amor dissolve tudo o que não se lhe assemelhe. O amor liberta, o amor dá; é o espírito de Deus em ação.

O poder do amor de uma mulher

O número de agosto de 1969 da revista *Fate Magazine* relata o seguinte:

> Na primavera de 1968, uma jovem de 1,60 metro de altura e com 50 quilos conseguiu levantar um carro de 800 quilos para salvar a vida do pai. Janet K. Stone, de 20 anos, é filha de Robert H. Stone, de Covina, na Califórnia. Ele estava consertando o carro quando o macaco escorregou e ele ficou preso embaixo do veículo. Janet ouviu os gritos e foi encontrar o pai quase esmagado pelo carro. Revelando uma força física ex-

Como o telepsiquismo pode dar o poder de uma nova autoimagem

traordinária, levantou o carro, libertou o pai e o levou para o hospital em seu próprio automóvel.

O amor que essa jovem sentia pelo pai e o desejo intenso de salvar-lhe a vida se apossaram de sua mente e fizeram com que o poder do Todo-Poderoso acorresse ao ponto central de sua atenção, possibilitando-lhe realizar a tarefa hercúlea que salvou a vida do pai. Não se esqueça de que o poder do Infinito está dentro de você, ajudando-o a realizar feitos extraordinários em todos os setores da vida.

Ele se apaixonou por uma nova autoimagem

Durante uma conversa com um famoso cantor em um cassino de Las Vegas, ele me contou que havia começado a vida como garçom, mas que sempre tivera muita vontade de cantar. Muitos dos amigos que o ouviram haviam comentado que ele tinha todas as qualidades necessárias para se tornar um artista renomado.

Um freguês do restaurante onde trabalhava lhe deu um exemplar do livro *O poder do subconsciente*, que passou a ler avidamente. Ele passou a praticar toda noite as técnicas aconselhadas no livro. Ficava sentado durante dez minutos, imaginando que estava no palco, cantando para uma plateia maravilhosa. Procurava tornar essa imagem mental o mais realista possível. Imaginava os aplausos da audiência e os cumprimentos dos amigos. Podia ver os sorrisos e sentir os apertos de mão.

Depois de três semanas, apareceu a oportunidade tão esperada. Então, experimentou objetivamente o que já vinha imaginando e sentindo de forma subjetiva. O amor é um sentimento emocional. Quando ele começou a se identificar com a própria imagem, o

O poder curativo do amor

Há dois anos visitei no hospital um homem de negócios que havia sofrido um ataque cardíaco. Parece que uma combinação de circunstâncias adversas o havia abatido tanto física como financeiramente. Em consequência de maus investimentos, perdera quase todas as economias. E, sobretudo, sentia um profundo medo da morte.

Nesse caso, recorri ao maior amor que ele sentia na vida — o de sua única filha, de 15 anos. Lembrei-lhe de que a mocinha tinha direito a seu amor, afeição e interesse. Ela precisava de proteção e teria que ser educada para encontrar seu lugar na vida. Também observei que, se ele a amava e tinha que desempenhar tanto o papel de pai como o de mãe (a mãe havia falecido quando a filha nascera), não poderia abandoná-la em uma idade tão crítica.

Ensinei-lhe uma técnica bem simples: imaginar-se em casa — andando pela casa, sentado à mesa de trabalho, abrindo a correspondência, atendendo ao telefone, e sentindo a naturalidade, tangibilidade e solidez dos abraços da filha.

Escrevi para ele uma oração que deveria repetir com confiança várias vezes por dia: "Pai, agradeço-vos pela cura maravilhosa que está ocorrendo agora. Deus me ama e vela por mim."

O homem seguiu essas instruções ao pé da letra. Algumas semanas mais tarde, ainda no hospital, no momento em que se imaginava em casa, ele teve uma iluminação: "De repente, algo aconteceu. Uma luz cegante apareceu diante de mim. Senti o amor de Deus penetrar em minha alma. Parecia que eu estava entrando no Paraíso."

Como o telepsiquismo pode dar o poder de uma nova autoimagem

Ele se recuperou rapidamente e hoje, de volta ao trabalho, se sente muito feliz. Conseguiu se reabilitar financeiramente, e a filha está na universidade.

Quando uma pessoa está doente e deprimida, é preciso de apelar para o amor, pois para ele não existem barreiras.

Não se esqueça...

1. Uma pessoa ciumenta está doente, com um profundo sentimento de insegurança, medo e inferioridade. Em muitos casos, o ciúme doentio ocorre em pessoas que não receberam amor e afeição dos pais.

2. Um casal que estava disposto a se divorciar depois de vinte anos de vida em comum me apresentou o seguinte quadro: O marido tinha úlcera e pressão alta, devido à grande frustração e ressentimento que sentia. O principal problema da mulher era que se recusava a dar amor e ter boa vontade. O marido permitia que a esposa o humilhasse e manipulasse sem demonstrar a menor reação. Entretanto, os dois concordaram em tentar salvar o casamento. A mulher aquiesceu em parar de fazer as coisas que humilhavam o marido. Ele prometeu se afirmar como homem e deixar de ser tão servil. Os dois praticaram o tratamento do espelho, que consiste em se colocar diante de um espelho e afirmar: "Sou feliz, alegre, amoroso, harmonioso e bondoso. O amor de Deus está comigo." Além disso, sempre que pensavam um no outro, afirmavam imediatamente: "Gosto de você e quero ser bom (boa) para você." Saturando o subconsciente com as verdades eternas, descobriram uma nova vida em comum.

Telepsiquismo

3. Um adolescente que odiava a mãe dominadora tinha grandes dificuldades de relacionamento com as outras pessoas. Tudo se devia às experiências traumáticas a que fora submetido na infância. A cura foi simples; bastou que ele praticasse a grande lei da substituição. Passou a imaginar a mãe como uma pessoa feliz, alegre e amorosa. Em sua mente, ela estava sorrindo, abraçando-o com carinho e dizendo: "Gosto muito de você. Que bom que voltou." Saturando o subconsciente com a nova imagem e a ideia do amor, o rapaz voltou para casa e foi muito bem recebido. O amor dissolve tudo aquilo que não se assemelhe a ele.

4. Uma mocinha de 1,60 metro e 50 quilos levantou um carro de 800 quilos para salvar o pai, que estava preso embaixo do automóvel. A ideia de salvá-lo custasse o que custasse se apoderou de sua mente, e o Poder Infinito respondeu à altura. O amor faz maravilhas.

5. Um garçom de Las Vegas leu *O poder do subconsciente*, e sua vida sofreu uma reviravolta. Tinha todas as qualidades para ser um bom cantor, mas não sabia como começar. Toda noite, durante dez minutos, passou a imaginar que estava cantando para uma plateia maravilhosa. Em sua imaginação podia ouvir os cumprimentos dos amigos. Ele aprendeu que tudo que afirmamos com convicção é transformado em realidade pelo subconsciente. Depois de três semanas, apareceu a oportunidade que estava esperando, e hoje ele é um cantor de sucesso.

6. Um certo homem estava física e financeiramente abalado. Apelei para o amor que sentia por sua filha, o que reacendeu seu desejo de viver, superando assim o medo da morte.

Como o telepsiquismo pode dar o poder de uma nova autoimagem

Frequentemente, ele se imaginava em casa, abraçando a jovem e vendo o amor em seus olhos. Via-se totalmente curado, fazendo tudo que costumava fazer antes da doença. E rezava: "Pai, agradeço-vos pela cura maravilhosa que está ocorrendo. Deus me ama e vela por mim." O homem se recuperou rapidamente e hoje, de volta ao trabalho, se sente muito feliz. Conseguiu se reabilitar financeiramente, e a filha está na universidade. Deus é amor, e para o amor não existem barreiras.

Como o telepsiquismo pode extrair novos poderes de seu subconsciente

QUEM CONHECE OS aspectos conscientes e inconscientes da mente humana é capaz de receber constantemente ideias criadoras e inspirações maravilhosas. Nosso consciente, às vezes também chamado de mente objetiva, é a parte analítica e voluntária da nossa mente. Quando vamos dormir, o subconsciente aflora à superfície, unindo-se à parte consciente. Quando estamos profundamente adormecidos, o subconsciente assume completo controle de todos os processos vitais do corpo, pois pertence à mente universal, subjetiva, e possui sabedoria e poder infinitos.

Você também pode aprender a extrair ideias e inspirações dessa mente universal.

Como utilizar a energia telepsíquica do subconsciente

Nosso subconsciente está em contato permanente com o subconsciente universal; esse contato nunca é interrompido. E existe sempre um fluxo de ideias criadoras do subconsciente individual para o consciente.

Estou escrevendo este capítulo no hotel Castaways, em Las Vegas, um recanto encantador no estilo polinésio, onde tenho con-

Como o telepsiquismo pode extrair novos poderes de seu subconsciente

versado bastante com um velho amigo, o Dr. David Howe, ministro de Ciência Religiosa em Las Vegas.

A técnica que o Dr. Howe utiliza consiste em acalmar a mente recitando um salmo várias vezes; em seguida, em um estado mental e psíquico passivo e receptivo, ele pede ao subconsciente para lhe revelar o próximo passo em seu desenvolvimento espiritual. Com isso, ideias maravilhosas costumam aflorar a seu consciente, ajudando-o a desempenhar melhor seu papel de ministro. A igreja que ele orienta tem prosperado extraordinariamente.

Recentemente, o Dr. Howe pediu ao subconsciente para que o ajudasse a planejar as férias; pouco depois, um casal apareceu em seu escritório e o presenteou com duas passagens para um cruzeiro de várias semanas em um luxuoso transatlântico. Esse é apenas um dos muitos presentes que ele e seus colaboradores têm recebido através da sabedoria do subconsciente.

O telepsiquismo e "O que vou jogar amanhã?"

Nos últimos dias, tenho conversado com vários hóspedes do hotel Castaways, mas a história mais interessante que ouvi foi a de um homem de Dublin, Geórgia, que vou chamar de Max.

Estávamos conversando sobre os poderes do subconsciente quando ele me contou que, uma vez por ano, passa algumas semanas em Las Vegas para jogar na roleta. Sua técnica consiste em se deitar na cama, fechar os olhos e entrar em um estado de sonolência. Em seguida, pede ao subconsciente o seguinte: "Revele-me os números que vão sair amanhã na roleta."

Max afirma que tem praticado esse método com notável sucesso, acrescentando que não discute o assunto com ninguém, mas se limita a anotar os números que lhe ocorrem durante o sono. Não deixa de recomendar ao subconsciente que não permita que ele se

Telepsiquismo

esqueça na manhã seguinte do que sonhou. Na semana passada, ele ganhou mais de 50 mil dólares em um cassino, e agora está planejando dar a volta ao mundo numa viagem com a mulher e os filhos.

Uma jovem perguntou: "Será que devo aceitar o emprego?"

Reservei um dia nesta semana aqui em Nevada para receber as pessoas que pediram para falar comigo. Uma jovem professora me visitou ontem e me perguntou se devia aceitar um emprego que lhe ofereceram em uma universidade feminina do Leste. Aconselhei-a a repetir as seguintes palavras antes de dormir, dirigidas ao subconsciente: "Revele-me a verdade com relação ao emprego que me foi oferecido no Leste. Agradeço a resposta."

A resposta lhe foi dada logo no dia seguinte. No momento em que acordou, uma voz interior lhe disse: "Não." A jovem comentou comigo:

— Tive imediatamente uma profunda sensação de paz. Vou ficar em meu emprego atual.

A resposta era uma manifestação da sabedoria do subconsciente, que tudo sabe e tudo vê. Quando recebemos a resposta certa, sempre nos sentimos em paz.

O telepsiquismo e as "perguntas e respostas"

Nosso subconsciente pode responder a qualquer pergunta, mas precisamos fazê-la sem nenhum temor e sem nenhuma dúvida quanto à propriedade da resposta. Podemos também receber respostas durante o dia. Talvez você seja um profissional de negócios diante de um complexo problema financeiro; uma dona de casa que precisa de dinheiro para pagar uma hipoteca; um cientista frente

Como o telepsiquismo pode extrair novos poderes de seu subconsciente

a um misterioso fenômeno. Não se esqueça: o subconsciente só conhece a resposta correta.

Uma técnica diurna

Muitos profissionais de negócios, autônomos e cientistas adotam a seguinte técnica que também pode ser utilizada por você: vá para um local isolado, relaxe a mente e pense na Inteligência Infinita e na sabedoria sem limites que controla todos os processos vitais e governam todo o Universo com precisão matemática. Feche os olhos e concentre a atenção na resposta ou solução, sabendo que a Inteligência Infinita que existe em você atenderá a seu pedido. Não pense em mais nada a não ser na resposta à sua pergunta. Procure se manter nesse estado mental por alguns minutos. Se começar a divagar, volte a concentrar-se na pergunta. Se a resposta não vier em três ou quatro minutos, volte a seus afazeres cotidianos. Afaste o problema do pensamento, dizendo para si mesmo: "Já formulei meu pedido e a Inteligência Infinita está cuidando do assunto."

Você verá que, se adotar essa atitude mental, a solução do problema aparecerá de forma clara e nítida no seu consciente. Talvez venha quando você estiver ocupado com outra coisa, mas seu pedido será certamente atendido.

O telepsiquismo e o gênio criador

Muitos cientistas, sábios, videntes, músicos, filósofos e artistas têm declarado que suas descobertas, obras de arte e invenções foram inspiradas e guiadas pela intuição, pela inspiração divina ou por alguma forma de "revelação".

Assim, muitas das grandes obras-primas do mundo artístico e grande parte das importantes descobertas científicas são produto do conhecimento e da confiança nos poderes do subconsciente.

Telepsiquismo

O telepsiquismo pode neutralizar as chamadas "pragas"

Outro dia, jantei com um velho amigo meu no Sands, de Las Vegas, outro lindo hotel. Meu amigo recordou uma questão antiga, mas muito interessante, a respeito das mortes dos presidentes norte-americanos a cada vinte anos. (Muitos dos leitores devem se lembrar do grande número de comentários a respeito dessa coincidência durante as administrações do presidente Harding, de Franklin Roosevelt e de Kennedy.) Essa coincidência, disse-me ele, foi levada à atenção do falecido presidente Kennedy. Dizem que ele afirmou que viveria para desmentir as previsões ou qualquer coisa parecida.

Meu amigo lembrou o fato de que, a começar pelo presidente Harrison, em 1840, de vinte em vinte anos todos os presidentes norte-americanos sofreram uma morte trágica. E meu companheiro de jantar ofereceu a explicação de que o presidente Van Buren ficou tão furioso com a derrota quando tentou se reeleger (em 1840 e 1848) que rogou uma praga contra o chefe de governo de cada geração, presumivelmente a cada vinte anos.

A explicação desse "fenômeno" é muito simples. Pode ser verdade que o falecido presidente Van Buren tenha lançado uma maldição, mas também é verdade que nós fazemos parte do inconsciente coletivo, o qual é predominantemente negativo, e estamos todos sujeitos a ele. Muitas vezes, ele acredita no infortúnio, no caos, na miséria e no sofrimento; também pode estar cheio de ódio, ciúme, inveja e hostilidade. Entretanto, também apresenta sua parcela de bons sentimentos, pois milhões de pessoas no mundo estão constantemente rezando pela paz, pela harmonia, pela retidão etc. Mas essas pessoas são minoria. A menos que estejamos "prevenidos", poderemos ser vítimas do inconsciente coletivo e sua avalanche de visões, temores e falsos conceitos do bem e do mal.

Como o telepsiquismo pode extrair novos poderes de seu subconsciente

Essas tragédias não têm que acontecer, não existe nenhum mal irremediável. Nada pode acontecer a alguém a menos que sua mente esteja de acordo; é preciso que exista um espírito fraco ou um medo subconsciente que atraia o mal. Nada acontece senão através da consciência, que é o registro de tudo o que nós sabemos, aceitamos e acreditamos como verdade, mesmo que de forma inconsciente.

Diz a Bíblia:

Ninguém pode vir a mim, se o Pai que me enviou não o trouxer [...]. (JOÃO, 6:44).

Isto significa que nenhuma manifestação ou experiência tem acesso a um indivíduo a não ser que assim o determine o Pai, o Poder Criador, isto é, nossos próprios pensamentos e sentimentos, que são o Pai de nossas experiências. Podemos não saber o que existe em nosso subconsciente, mas podemos imprimir nele o que desejarmos por meio da prece científica.

Como diz o salmo 23:

Não temeria mal nenhum, porque tu estás comigo [...]. (SALMOS 23:4)

Diz o salmo 91:

Aquele que habita no esconderijo do Altíssimo, à sombra do Onipotente descansará.

Direi do Senhor: Ele é o meu Deus, o meu refúgio, a minha fortaleza, e nele confiarei.

Porque ele te livrará do laço do passarinheiro, e da peste perniciosa.

Telepsiquismo

Ele te cobrirá com as suas penas, e debaixo das suas asas te confiarás; a sua verdade será teu escudo e broquel.

Não terás medo do terror de noite nem da seta que voa de dia. Nem da peste que anda na escuridão, nem da mortandade que assola ao meio-dia.

Mil cairão ao teu lado, e dez mil à tua direita, mas não chegará em ti.

Somente com os teus olhos contemplarás, e verás a recompensa dos ímpios.

Porque tu, ó Senhor, és o meu refúgio. No Altíssimo fizeste a tua habitação.

Nenhum mal te sucederá, nem praga alguma chegará à tua tenda.

Porque aos seus anjos dará ordem a teu respeito, para te guardarem em todos os teus caminhos.

Eles te sustentarão nas suas mãos, para que não tropece o teu pé em pedra.

Pisarás o leão e a cobra; calcarás aos pés o filho do leão e a serpente.

Porquanto tão encarecidamente me amou, também eu o livrarei; pô-lo-ei em retiro alto, porque conheceu o meu nome. Ele me invocará, e eu lhe responderei; estarei com ele na angústia; dela o retirarei, e o glorificarei.

Fartá-lo-ei com longura de dias, e lhe mostrarei a minha salvação.

Os presidentes que morreram tragicamente poderiam ter sido salvos se, ao em vez de ignorarem o inconsciente coletivo, tivessem reiterado as grandes verdades do salmo de proteção (salmo 91) e do salmo de orientação (salmo 23).

Como o telepsiquismo pode extrair novos poderes de seu subconsciente

Afirmando essas grandes verdades, podemos nos tornar imunes a qualquer perigo; além disso, criamos anticorpos espirituais em nosso subconsciente capazes de neutralizar as crenças e superstições de milhões de pessoas.

Nenhum mal te sucederá [...]. (SALMOS 91:10)

Se Deus é por nós, quem será contra nós?
(ROMANOS, 8:31)

A resposta contra todas as imprecações, maldições, superstições, pragas e vodus é manter-se "prevenido", saturando o subconsciente com pensamentos positivos e, assim, neutralizando, obliterando e exorcizando do subconsciente todos os pensamentos negativos ali alojados.

Prece de proteção

Três ou quatro vezes por dia afirme com convicção:

Estou envolvido pelo círculo mágico do amor eterno de Deus. Todo o exército de Deus me protege, e minha vida é maravilhosa. Deus vela por mim e estou imunizado pelo Espírito Vivo Todo-Poderoso.

Essa prece, reforçada pelo grande salmo de proteção, permitirá a você prosseguir seu caminho com fé e confiança, sempre em estreita ligação com o Infinito. Nenhum mal te sucederá, praga nenhuma chegará à tua tenda. Você estará protegido pelo círculo sagrado do amor divino e será, portanto, invulnerável, invencível e inexpugnável.

Telepsiquismo

Essa explicação convenceu meu amigo, e ele percebeu que os livros, artigos de jornal e comentários que preveem a morte de um presidente a cada vinte anos acabam por fazer com que o povo venha a temer e a acreditar nessas previsões. Isso, em si mesmo, é uma terrível força negativa que satura a mente de milhões e milhões de pessoas, e o subconsciente sempre transforma em realidade o que imprimimos nele.

Por outro lado, um presidente que conheça as leis da mente poderá neutralizar totalmente essa terrível maldição, mantendo-se devidamente "protegido". Nesse caso, ele poderia até achar graça de todas essas superstições e prognósticos, porque saberia que nada poderia acontecer contra os desígnios de seu subconsciente.

Ele aprendeu a usar o I Ching

Entre os clássicos do Oriente, nenhum é mais profundo do que o antigo *I Ching: Livro das transmutações*. O professor Carl G. Jung escreveu um prefácio para a tradução de Richard Wilhelm, no qual afirmou que havia usado o livro durante mais de um quarto de século e estava admirado com a precisão de suas respostas. O *I Ching* é um livro de sabedoria: quando você lhe faz uma pergunta, seu próprio subconsciente se encarrega de dar a resposta. O método mais popular é o das moedas. Você joga três moedas para o ar seis vezes seguidas, anotando o número de caras e de coroas em cada jogada, e o resultado é um hexagrama que lhe fornece a resposta.

Um homem me visitou aqui no hotel (vamos chamá-lo de Dr. X) e me pediu para analisar a resposta que ele havia recebido do livro *Segredos do I Ching*. Ele estava pensando em investir 100 mil dólares no que lhe parecia um bom negócio, mas o hexagrama que recebeu foi 33/Retirada. Respondi-lhe que a sabedoria do subconsciente está sempre procurando nos proteger e que devia desistir do negócio, e ele me atendeu.

Como o telepsiquismo pode extrair novos poderes de seu subconsciente

Esse homem acaba de me telefonar dizendo que seu advogado, no último momento, descobriu alguma coisa "estranha" no negócio. *Segredos do I Ching* lhe poupou 100 mil dólares. Fora que, ao responder à pergunta, o livro esclareceu outra questão pessoal que ele nem havia formulado.

Usando o *I Ching* ou *Segredos do I Ching*, que é um comentário do antigo *Livro da sabedoria*, você descobrirá que o *I Ching* tem uma capacidade extraordinária para extrair de seu subconsciente muitas respostas além da obtida com a pergunta original, revelando ao mesmo tempo a solução correta para o problema que mais o preocupa.

Telepsiquismo e a criação de vacas

Conversando com uma jovem a respeito do livro *Segredos do I Ching*, ela me contou que um rapaz a havia pedido em casamento e que, quando consultado, o *I Ching* lhe respondera com o Hexagrama 30/ Beleza Radiante, Fogo, e que esse hexagrama dizia que a criação de vacas traz boa sorte. (A vaca, no simbolismo antigo, representa o subconsciente.)

Na verdade, ela sentia um profundo ódio e ressentimento pelo primeiro marido. As chamas do ódio e da animosidade haviam tomado conta de seu subconsciente, e o homem que ela estava pensando em desposar, como ela muito bem sabia, era um alcoólico e traficante de narcóticos.

Expliquei-lhe que devia cuidar muito bem das vacas e eliminar os venenos mentais que lhe infestavam o subconsciente; que, na verdade, ela havia atraído esse pobre homem apenas por um desejo de autopunição. Decidiu romper o noivado com o alcoólico e tomar conta das vacas (subconsciente), livrando-se de todos os pensamentos negativos. Resolveu perdoar a si mesma por abrigar

Telepsiquismo

pensamentos destrutivos e se libertou do ex-marido, desejando-lhe sinceramente todas as bênçãos da vida, sabendo que é impossível sentir ressentimento pela pessoa pela qual rezamos.

Avisei-a de que estaria curada quando pudesse pensar no ex-marido sem ficar com raiva, pois então o ódio e o ressentimento teriam sido totalmente erradicados pelo Amor Divino.

Essa mulher hoje em dia é uma pessoa livre. Seguiu o conselho do *I Ching* e tratou muito bem das vacas (subconsciente). Faz um mês que saí de Las Vegas, e ela acaba de me escrever contando que vai se casar com um professor.

O telepsiquismo pode fazer maravilhas em sua vida.

Não se esqueça...

1. O subconsciente pode lhe fornecer um número infinito de ideias criadoras se você souber comunicar-se com ele. O subconsciente pertence à mente subjetiva universal e tem sabedoria e poder infinitos.

2. Para extrair ideias e inspirações do subconsciente, basta relaxar a mente e concentrar a atenção no problema que o preocupa, sabendo que a Inteligência Infinita que existe dentro de você atenderá a seu pedido.

3. Um homem que ganhou 50 mil dólares em Las Vegas utilizou a seguinte técnica para obter respostas do subconsciente: Deitar-se na cama, fechar os olhos e entrar em um estado de sonolência. Então, pedir ao subconsciente o seguinte: "Revele-me os números que vão sair amanhã na roleta." Esse método tem dado excelentes resultados.

4. Uma professora pediu ao subconsciente para lhe dizer se devia aceitar ou não um emprego que lhe haviam oferecido

em outro estado. Uma voz interior lhe respondeu: "Não." A resposta coincidiu perfeitamente com o que o coração lhe dizia, e ela se sentiu muito satisfeita.

5. Quando fazemos um pedido ao subconsciente, devemos demonstrar confiança total na resposta. Se você estiver ocupado durante o dia e tiver que resolver uma questão difícil, vá para um local isolado e procure relaxar a mente. Em seguida, concentre a atenção no problema que o preocupa. Se a resposta não vier em três ou quatro minutos, volte a seus afazeres. A resposta lhe será dada quando você estiver fazendo outra coisa.

6. Muitos poetas, artistas, cientistas e videntes têm sido inspirados e guiados pelo subconsciente.

7. A morte de um presidente norte-americano a cada vinte anos, supostamente causada por uma "maldição" do presidente Van Buren, poderia ser interrompida por um presidente precavido. Tudo que teria a fazer seria saturar o subconsciente com as verdades eternas de Deus, e essas verdades expulsariam de seu subconsciente todos os medos, superstições e previsões negativas do inconsciente coletivo. Assim, por exemplo, um presidente que recitasse periodicamente o salmo 91 (o grande salmo de proteção) criaria uma imunidade contra as falsas crenças e profecias do inconsciente coletivo.

8. A melhor maneira de se proteger contra todos os perigos é afirmar com convicção: "Estou cercado pelo círculo mágico do amor eterno de Deus. Todo o exército de Deus me protege, e minha vida é maravilhosa. Deus vela por mim e estou imunizado pelo Espírito Vivo Todo-Poderoso."

Telepsiquismo

9. O professor Carl Jung afirma que usou o *I Ching* durante mais de um quarto de século e se admirou com a precisão de suas respostas. Um certo Dr. X me contou que, ao consultar o livro *Segredos do I Ching*, recebeu a resposta "Retirada". Ele estava para investir 100 mil dólares em um negócio; diante da resposta, resolveu desistir. De acordo com seu advogado, poderia ter perdido os 100 mil dólares.

10. Quando consultar o livro *Segredos do I Ching*, que é um comentário do *I Ching* e revela o significado bíblico e psicológico dos hexagramas em linguagem corrente, você descobrirá que, além de responder à sua pergunta específica, ele também é capaz de extrair de seu subconsciente muitas outras respostas.

11. Um rapaz (um alcoólico) havia pedido uma moça em casamento. Ela recebeu uma resposta do livro *Segredos do I Ching*, Hexagrama 30, que a aconselhava a "criar vacas". Esse animal é um símbolo do subconsciente. A jovem admitiu que sentia um profundo ódio pelo primeiro marido, e era por isso que se sentia atraída por um alcoólico e traficante de drogas. Rompeu o noivado e se libertou do ex-marido, desejando-lhe todas as bênçãos da vida. Hoje em dia, está para se casar com um professor universitário. O telepsiquismo fez maravilhas por ela.

O telepsiquismo e nossa ligação com o conhecimento infinito

Nosso PENSAMENTO É nossa ligação com o Infinito, e o pensamento governa o mundo. Como disse Ralph Waldo Emerson: "O pensamento é propriedade apenas daqueles que são capazes de retê-lo." Os pensamentos são palpáveis. Atraímos o que sentimos; somos o que imaginamos. Emerson também disse: "O homem é o que ele pensa o dia inteiro."

O Espírito é Deus, e a qualidade do Espírito é pensar. É por isso que os que estudam as leis mentais e espirituais estão sempre afirmando: "Quando meus pensamentos são os pensamentos de Deus, o poder de Deus está com os meus pensamentos."

Aprenda a respeitar seus pensamentos. Lembre-se de que a felicidade, o sucesso, a paz e o amor dependem do modo como pensamos habitualmente. Os pensamentos sempre se tornam realidade. Nosso pensamento é uma vibração mental e um poder definido, e nossas ações, expressões e experiências são consequências desse modo de pensar. Se você só pensar em paz, harmonia, amor e boa vontade, seus atos externos refletirão essas qualidades.

Quando pensamos em alguma coisa, estamos colocando em ação o poder de nossa mente. Tudo que consideramos como verdade acaba por se tornar verdadeiro. São nossos pensamentos e sentimentos que criam nosso destino.

Telepsiquismo

Sentimento, na linguagem bíblica, é um *interesse* profundo por alguma coisa. O que lemos em Provérbios, 23:7: "Porque, como imaginou em seu coração, assim é ele [...]", significa que, se você tiver um profundo interesse pela música, pela ciência, pela arte ou por sua profissão, sua vida será um sucesso, pela simples razão de que está colocando o coração naquilo que faz. Você está pensando em profundidade ou sentindo a realidade do seu pensamento ou imagem mental, o que equivale a "pensar no coração".

Um jovem disse: "Estou tão preocupado porque não consigo trabalhar nem dormir."

Recentemente, um jovem me procurou, dizendo:

— Antes de me tornar tão preocupado e tenso, eu podia trabalhar o dia inteiro e me sentia muito bem. Hoje, estou tão nervoso que, às vezes, tenho que encostar o carro à beira da estrada para descansar.

Este rapaz, que tinha uns 28 anos, explicou-me que era vendedor. Tinha consultado um médico, que lhe receitara tranquilizantes, mas não conseguira descobrir nenhum mal no organismo. Quando o efeito desses tranquilizantes passava, sentia-se fraco, nervoso e irritadiço.

Perguntei-lhe a respeito de sua vida sentimental. Contou-me que tinha uma noiva muito bonita e atraente, mas sabia que ela costumava sair com outro rapaz quando ele estava fora da cidade. Essa era a causa de suas preocupações: tinha medo de perder a garota. E todos os sintomas de sua "doença" eram consequência dessa preocupação.

Expliquei-lhe que as pesquisas médicas demonstraram claramente que a tensão e as preocupações provocam um estado de completa exaustão e debilidade no organismo. Por minha recomen-

O telepsiquismo e nossa ligação com o conhecimento infinito

dação, ele enfrentou de frente o problema da noiva. Os dois tiveram uma conversa franca e resolveram o assunto. A verdade é que a moça se sentia solitária quando o noivo estava fora, e convidava o primo para ir ao cinema com ela.

O rapaz logo voltou a se sentir bem e sua aparência melhorou consideravelmente. Alguns meses depois, os dois se casaram. Foram unidos pelo amor divino.

Telepsiquismo e os ataques de asma

Recentemente fiz uma conferência em um clube feminino. Durante uma sessão de perguntas e respostas, uma mulher de Trinidad me perguntou por que toda vez que ela passava por um templo de qualquer religião, fosse católica, protestante ou judaica, sofria imediatamente um ataque de asma. Expliquei-lhe que deve ter havido algum episódio traumático em sua vida que ainda estava guardado no subconsciente — uma memória escondida — e que o templo simplesmente a fazia se lembrar da ferida psíquica.

Depois de pensar um pouco, ela me contou que, alguns anos antes, quando ela e a família estavam esperando em frente a uma igreja, chegou um amigo com a notícia de que o noivo dela havia morrido em um desastre de automóvel. Desde então, sempre que passava por um templo, ela sofria um ataque de asma, felizmente de curta duração.

Expliquei-lhe que tudo que tinha a fazer era entregar o noivo ao Infinito. Ela não tinha nada a ver com o acidente, pois ninguém controla a vida de ninguém. Por minha recomendação, passou a afirmar toda noite:

> Entrego (fulano) a Deus. Irradio amor, paz e felicidade para ele, e sei que sua jornada será sempre em

Telepsiquismo

direção a Deus. Quando penso em meu noivo, afirmo imediatamente: "Você está entregue a Deus. Deus esteja com você."

Pedi-lhe também para não deixar de ir a uma igreja no dia seguinte, dizendo para si mesma: "O amor divino caminha à minha frente, tornando tranquilo, alegre e feliz meu caminho. Vou à igreja rezar pelo amor divino."

Ela atendeu às minhas recomendações e, no dia seguinte, pôde entrar e sair da igreja sem nenhum sintoma de asma. Estava curada.

Como disse Emerson: "Faça o que tem medo de fazer e perderá o medo." Foi exatamente o que ela fez, e com isso provou que o amor sempre vence o medo.

Telepsiquismo e o pensamento objetivo

Pensar, no verdadeiro sentido da palavra, significa pensar do ponto de vista dos princípios universais e das verdades eternas, os quais nunca mudam e são os mesmos ontem, hoje e sempre. Um matemático pensa do ponto de vista dos princípios da matemática e não com base nas opiniões efêmeras do indivíduo. Você não está realmente pensando quando reage às manchetes dos jornais, à propaganda do rádio e da televisão ou aos dogmas da tradição, da religião ou da opinião pública.

Se existe algum medo, preocupação ou ansiedade em seus pensamentos, é porque você não está *realmente pensando*. Não há nenhum medo ou negatividade no verdadeiro pensamento. O medo aparece quando atribuímos as causas a objetos externos, o que é um grande erro. O mundo exterior é um efeito, e não uma causa. A causa é o nosso pensamento e os nossos sentimentos, e tudo que nos cerca pode ser alterado pelo pensamento.

O telepsiquismo e nossa ligação com o conhecimento infinito

Sempre que você quiser examinar criticamente algum pensamento, ideia ou sugestão, procure pensar do ponto de vista das verdades imutáveis e decida, então, o que é verdade do ponto de vista dos princípios espirituais.

Por exemplo: existe um princípio de harmonia, mas não um de discórdia; existe um princípio de verdade, mas não de mentira; existe um princípio de vida, mas não de morte; existe um princípio de amor, mas não de ódio; existe um princípio de alegria, mas não de tristeza; existe um princípio de riqueza, mas não de pobreza; existe um princípio de saúde, mas não de doença; de beleza, não de feiura; de honestidade, não de desonestidade; de luz, não de escuridão.

Se houvesse um princípio de doença, ninguém poderia ser curado. A doença é anormal; a saúde é normal. Existe um princípio de integridade física e mental (saúde). Como temos o livre-arbítrio, podemos alimentar nosso subconsciente com pensamentos doentios de medo, preocupação, ressentimento, ódio etc. Assim, estaremos violando os princípios de saúde, harmonia e amor, e teremos que aguentar as consequências.

Comece agora mesmo a pensar por você, usando como ponto de partida a seguinte lição da Bíblia:

> […] tudo o que é verdadeiro, tudo o que é honesto, tudo o que é justo, tudo o que é puro, tudo o que é amável, tudo o que é de boa fama, se há alguma virtude, e se há algum louvor, nisso pensai. (FILIPENSES, 4:8)

O telepsiquismo nos ensina a lidar com a lei das médias

Há algumas semanas tive uma entrevista com um jovem universitário que trabalhava para uma firma havia mais de dez anos. Ele me contou que nunca recebera uma promoção ou aumento

Telepsiquismo

de salário, embora soubesse que muitos outros empregados da organização, com muito menos capacidade e experiência, haviam subido rapidamente na firma, tanto em salário como em prestígio. Esse homem era uma vítima da lei das médias.

A lei das médias diz que o inconsciente coletivo é a média das mentes humanas, que, em sua maioria, acreditam no fracasso, na doença, na pobreza e em toda a sorte de infortúnios. O inconsciente coletivo é controlado em grande parte por crenças tradicionais; por esse motivo, é quase sempre negativo.

O rapaz estava muito descontente consigo mesmo, e lhe expliquei claramente que, se ele não pensasse por si, seria automaticamente uma vítima do inconsciente coletivo, que se apossaria de seu subconsciente e pensaria por ele. A consequência só poderia ser a negação, o infortúnio, a miséria.

Por minha sugestão, começou a ativar o consciente por meio de pensamentos espirituais, pois esse é o caminho certo para consertar o que existe de errado no subconsciente. Bem cedo, começou a perceber a imensa diferença existente entre o pensamento espiritual e o pensamento da lei das médias (inspirado pelo inconsciente coletivo).

E passou a repetir várias vezes por dia as seguintes verdades, procurando se convencer delas:

> A promoção está a meu alcance. O sucesso está a meu alcance. A integridade está a meu alcance. A riqueza está a meu alcance. Dia e noite estou avançando, crescendo e prosperando, mental, material, social e financeiramente. Sei que somos o que pensamos. Sei e acredito que essas verdades que estou afirmando estão sendo plantadas em meu subconsciente e que, como

O telepsiquismo e nossa ligação com o conhecimento infinito

sementes, vão adquirir raízes cada vez mais sólidas. Alimento essas sementes (ideias) frequentemente com fé e esperança, e agradeço a prece atendida.

O rapaz conseguiu disciplinar seus pensamentos e, sempre que se sentia ameaçado por pensamentos de medo, dúvida ou inferioridade, repetia essa oração com toda a convicção. Depois de certo tempo, os pensamentos negativos deixaram de afligi-lo, e hoje (três meses depois) é vice-presidente executivo da companhia. E sabe que foi ele mesmo que se promoveu, saturando sua mente com as verdades eternas.

Ele achava que devia estar na cadeia

Um homem de uns 60 anos veio me procurar uma noite. Contou-me que estava cheio de culpa e remorso e que não conseguia dormir à noite. Duas semanas antes dessa visita ele havia me telefonado, e eu lhe recomendara um médico amigo meu, que, além de ser um profissional muito competente e também se interessar pelos problemas do espírito humano, descobriu que sua pressão estava bastante elevada e que ele se achava à beira de um colapso nervoso. O remédio que o médico receitou fez a pressão voltar quase ao normal, e os tranquilizantes permitiram que o homem dormisse um pouco. No entanto, ele me disse:

— Também preciso de um remédio para a alma; eu devia estar na cadeia pelo que fiz.

Esse homem havia assistido a uma conferência que pronunciei a respeito de "Shakespeare à luz das leis mentais e espirituais". Lembrei-lhe de que a doença de Lady Macbeth, por exemplo, era causada exclusivamente pelo profundo sentimento

Telepsiquismo

de culpa em relação ao assassinato de Duncan. Quando Macbeth perguntou ao médico qual a natureza da doença da mulher, este lhe respondeu:

> Não é bem doença, *my lord*
> Mas a fantasia de sua mente,
> Que não a deixa repousar.

Ao que Macbeth objetou:

> Não podes receitar para uma mente perturbada,
> Arrancar da memória uma dor enraizada,
> Apagar o sofrimento escrito no cérebro,
> E com algum doce antídoto de esquecimento
> Limpar o seio daquela coisa perigosa
> Que pesa no coração?

E o médico respondeu:

> Nesses casos, só o paciente pode curar a si mesmo.
> (*Macbeth*, ato V, cena 3)

Shakespeare era um estudioso da Bíblia e sabia o significado profundo de todas as alegorias, parábolas e simbolismos das escrituras sagradas. Não ignorava que era o remorso que estava levando Lady Macbeth à loucura e que o médico estava lidando com uma doença que nenhuma de suas ervas poderia curar.

Expliquei ao homem que uma boa confissão de sua parte seria como lancetar um tumor, deixando sair todo o pus e apressando a cura. Então, ele me revelou uma série de crimes, de forma clara e objetiva, removendo assim, nas palavras de Shakespeare, "aquela coisa perigosa que pesa no coração". O remorso estivera "corroendo-lhe as entranhas".

Fiz-lhe uma pergunta simples:

— O senhor tornaria a fazer tudo isso?

— Claro que não! — respondeu. — Agora minha vida é outra. Estou casado e minhas duas filhas estão estudando medicina.

Chamei-lhe a atenção para o fato de que física, mental, emocional e espiritualmente ele não era o mesmo homem que havia cometido todos aqueles crimes e que, portanto, devia parar de condenar a si próprio.

O processo de autorrenovação do corpo e da mente

Os cientistas nos dizem que a cada 11 meses ganhamos um "novo corpo". O modo como esse homem encarava a vida havia mudado totalmente. Ele se interessara pelas verdades espirituais e estava levando uma vida honesta. Assim, o homem que havia cometido aqueles crimes não mais existia.

O Princípio da Vida (Deus) não julga nem condena ninguém; é o indivíduo que condena e pune a si próprio em razão do uso errôneo das leis da mente. Quando nos perdoamos e usamos a lei da mente da forma correta, pensando certo, sentindo certo e agindo certo, o subconsciente responde automaticamente ao novo padrão mental, e o passado é esquecido e enterrado. Um novo começo é um novo fim, pois começo e fim significam a mesma coisa. Comece uma nova vida com fé, confiança, amor e boa vontade, e o fim será glorioso.

Citando novamente Shakespeare: "Não é amor o amor que muda ao sabor do momento" (Soneto 116). Deus é amor; portanto,

Telepsiquismo

não pode fazer nada que seja cruel. Achar que você ainda não foi perdoado pela Vida Infinita é uma superstição e um sério erro. A doença desse homem era o sentimento de culpa e a autocondenação; o autoperdão foi a cura. Nossa conversa o fez mudar totalmente de atitude, e hoje ele é feliz e saudável.

Mulher, onde estão aqueles teus acusadores? Ninguém te condenou?
E ela disse: Ninguém, Senhor. E disse-lhe Jesus: Nem eu também te condeno; vai-te, e não peques mais. (JOÃO, 8:10, 11)

Não se esqueça...

1. Nosso pensamento é nossa ligação com o Infinito. O pensamento governa o mundo. Os pensamentos são palpáveis. Atraímos o que sentimos; somos o que imaginamos. Emerson disse: "O Homem é o que ele pensa o dia inteiro." Nosso pensamento é criador. Tenha um respeito sadio e reverente por seus pensamentos, pois os pensamentos sempre se tornam realidade.

2. Sentimento, na linguagem bíblica, é um interesse profundo em alguma coisa. Se você tiver um profundo interesse por sua profissão, sua vida será um sucesso.

3. A preocupação e a ansiedade debilitam todo o organismo e provocam lassidão, exaustão e depressão. Um homem estava sofrendo de neurose de ansiedade (preocupação crônica) e de insônia porque tinha medo de perder a noiva. Conversou com ela a respeito, convenceu-se de que suas suspeitas eram

O telepsiquismo e nossa ligação com o conhecimento infinito

infundadas, casaram-se e foram muito felizes. O amor divino os uniu e a explicação foi a cura.

4. Uma mulher tinha um ataque de asma toda vez que passava por uma igreja, o que se devia a um episódio traumático que ficara alojado em seu subconsciente. Quando esperava na porta de uma igreja, recebera a notícia de que o noivo havia morrido em um acidente. Ela entregou o noivo a Deus, desejando-lhe paz, amor e felicidade, e com isso também se libertou. No dia seguinte, dirigiu-se à igreja mais próxima, afirmando: "O amor divino caminha à minha frente, tornando feliz meu caminho." Ela ficou totalmente curada. Faça o que tem medo de fazer e perderá o medo.

5. Pensar de verdade é pensar do ponto de vista dos princípios universais e das verdades eternas, que nunca mudam: são os mesmos ontem, hoje e sempre. Não estamos realmente pensando quando há algum medo, preocupação ou ansiedade em nossos pensamentos. Quando nossos pensamentos são positivos, o poder de Deus está conosco. Um pensador científico nunca empresta poder ao mundo fenomenológico. Ele se mantém fiel à presença de Deus, que é supremo e onipotente.

6. Existe um princípio de harmonia, mas não de discórdia; existe um princípio de amor, mas não de ódio; existe um princípio de alegria, mas não de tristeza; existe um princípio de verdade, mas não de falsidade; existe um princípio de saúde, mas não de doença.

7. A lei das médias diz que o inconsciente coletivo é a média das mentes humanas. Essa média é negativa. Muita gente acredita em doenças, tragédias, infortúnios, calamidades e

Telepsiquismo

superstições de todos os tipos. Existe algum bem no inconsciente coletivo em função dos pensamentos construtivos de um sem-número de pessoas; na média, entretanto, o inconsciente coletivo é negativo. Se não pensarmos por nós mesmos, o inconsciente coletivo, com todos os seus temores, ódios, ciúmes e superstições mórbidas, pensará por nós. Resista ao inconsciente coletivo e pense por você mesmo em todas as coisas boas, bonitas, nobres e dignas.

8. Um rapaz que não conseguia subir na vida começou a ativar o consciente através de pensamentos espirituais, que rapidamente se infiltraram em seu subconsciente. Logo, ele percebeu a imensa diferença que existe entre o pensamento espiritual e o pensamento inspirado pelo inconsciente coletivo. Passou a afirmar o seguinte: "A promoção está a meu alcance. O sucesso está a meu alcance. A integridade está a meu alcance. A riqueza está a meu alcance." Sempre que se sentia ameaçado por pensamentos negativos, o rapaz repetia essa oração convicto. Disciplinando seus pensamentos, transformou sua vida e se tornou um homem melhor sob todos os aspectos.

9. Um homem abatido pela culpa e pela autocondenação confessou livremente seus crimes e se libertou assim do veneno que corroía sua alma (subconsciente). Ele precisava de um remédio espiritual, pois os comprimidos que estava tomando, embora fizessem baixar a pressão arterial e aliviassem parte da tensão nervosa, não podiam atingir o subconsciente. Como disse Shakespeare no caso de Lady Macbeth, que estava cheia de remorso: "Nesses casos, só o paciente pode curar a si mesmo." Esse homem estava levando uma vida

O telepsiquismo e nossa ligação com o conhecimento infinito

honesta e construtiva, e lhe expliquei que o passado não importava; que não era mais o mesmo homem, nem física nem mentalmente; e que ele devia parar de condenar um homem inocente, isto é, ele mesmo. Deus não condena ninguém, e, já que ele estava levando uma vida decente, devia esquecer totalmente o passado. Esse homem não seria mais capaz de repetir seus erros. Estava, portanto, realmente transformado. Perdoou a si mesmo e se sentiu um homem livre.

Nem eu também te condeno; vai-te, e não peques mais. (JOÃO, 8:11)

Como o telepsiquismo põe em funcionamento as leis da mente

RECENTEMENTE, FUI PROCURADO por uma mulher extremamente aflita; seu marido, de 50 anos, de repente havia adquirido o hábito de beber e parecia estar a ponto de se tornar um alcoólico. Ela me contou que várias de suas amigas religiosas lhe haviam dito que não devia rezar por ele, a não ser que ele se mostrasse disposto a se curar do vício.

Expliquei-lhe que para mim essa atitude não fazia o mínimo sentido. E lhe fiz ver que rezar por uma pessoa não implica coação mental ou tentar controlar sua vida. Se ela estivesse na rua e visse uma mulher desmaiar, talvez de um ataque cardíaco, não chamaria uma ambulância e tentaria ajudá-la da melhor forma possível? Na verdade, essa seria sua obrigação.

É preciso não esquecer que as doenças físicas e mentais, a pobreza, o alcoolismo e outras misérias estão em desacordo com a Divindade que existe em nós, eternamente íntegra, pura e perfeita. É perfeitamente justo e razoável rezar pelo nosso semelhante, quer ele saiba, quer não, tenha ele nos pedido ou não para fazê-lo. Pensar que não devemos rezar pelos nossos pais ou amigos que estão doentes simplesmente porque eles não nos pediram para fazê-lo é uma superstição tola.

Quando rezamos por outrem, afirmamos que o que é verdade para Deus o é também para a pessoa por quem rezamos. Estamos simplesmente identificando a Presença Divina em nosso semelhante e reacendendo as qualidades, os atributos e os aspectos de Deus em nossos pensamentos e sentimentos. Como só existe uma mente, essas qualidades dominantes são ao mesmo tempo reacendidas na mente da pessoa por quem rezamos.

Como rezar quando você está doente

Volte-se para o Deus que mora em você e se lembre de que Ele é paz, é harmonia, é integridade, é beleza, é amor e é poder infinito. Acredite que Deus o ama e vela por você. Se rezar desse modo, não haverá motivo para ter medo da doença.

Volte sua mente para Deus e para o Amor Divino. Diga para si mesmo que não há nada capaz de desafiar o poder de Deus. Afirme com a convicção de que o poder curador da Presença Infinita está presente em você. Sinta que a harmonia, a beleza e a vida de Deus se manifestam em você como força, paz, vitalidade, beleza, integridade e retidão. Se reconhecer essas verdades no fundo do coração, sua doença se dissolverá à luz do Amor Divino.

> Glorificai, pois, a Deus no vosso corpo [...].
> (1 CORÍNTIOS, 6:20)

Quando rezar por outra pessoa, mencione o nome dela e afirme as mesmas verdades, como se estivesse rezando por você mesmo.

Telepsiquismo

Ele achava que estava possuído por demônios

Durante muitos anos visitei e aconselhei homens e mulheres em hospitais dos Estados Unidos, Inglaterra e Irlanda que diziam estar possuídos por espíritos malignos. Muitas dessas pessoas tinham o que é chamado de obsessões múltiplas.

Recentemente, fui visitado por um homem de uns 60 anos que afirmava estar possuído por demônios que o obrigavam a fazer coisas estranhas. Ele havia sido submetido a terapia de choque havia três anos, com uma melhora temporária. Com o tempo, entretanto, os "demônios" voltaram a atormentá-lo. Eles diziam obscenidades, blasfêmias e imprecações, obrigavam-no a se embebedar. Além disso, não o deixavam dormir e passavam o tempo todo dizendo que o detestavam.

Percebi logo que não havia nenhum espírito maligno envolvido, que os "demônios" estavam apenas no subconsciente do homem. A verdade é que ele estava cheio de ódio e ressentimento em relação à ex-esposa, que fugira para se casar com outro. Seus pensamentos negativos se infiltraram no subconsciente, formando complexos "malignos". Em consequência de tanto ódio, ele sofria de uma culpa profunda, acompanhada pelo medo de ser punido.

Aconselhei-o a ler o salmo 91 em voz alta três ou quatro vezes por dia e também a ler o salmo 27, o melhor antídoto para o medo antes de dormir. Ele passou a se consultar comigo uma vez por semana durante quatro meses, e, por meio da oração, conseguiu se libertar gradualmente da ex-esposa, desejando para ela todas as bênçãos da vida para que pudesse pensar na mulher sem sentir ódio ou ressentimento.

Expliquei-lhe que muitas vezes, quando estamos sonhando, julgamos ouvir a voz de outra pessoa, e que nós podemos murmurar

222

Como o telepsiquismo põe em funcionamento as leis da mente

algumas palavras quando estamos adormecidos. Se implantarmos o ódio, o ressentimento e a hostilidade em nosso subconsciente, não haverá saída senão projetar esses sentimentos exatamente dessa maneira.

Finalmente, uma noite, quando eu estava meditando, disse para mim mesmo: "Já estou farto dessa situação. Esse homem continua acreditando que está possuído por espíritos malignos. Está apenas falando consigo mesmo e sei disso. Só existe Um Espírito (Deus), o Eterno, o Infinitamente Sábio e o Todo-Poderoso, e apenas uma Mente Divina. Esse homem agora sabe o que sei e pode sentir o Amor Divino em seu coração."

No dia seguinte, quando ele veio me ver, foi logo dizendo:

— Na noite passada aconteceu uma coisa estranha. Jesus apareceu na minha frente e me disse: "Esses espíritos malignos não são reais; existem apenas na sua imaginação, e agora você está livre."

O homem estava totalmente curado. Durante nossas muitas consultas, eu conseguira atingir o ponto de convicção subconsciente, eliminando de minha mente os últimos resquícios de dúvida. Não era apenas meu paciente que tinha que ser curado de suas falsas crenças; eu mesmo tinha de me libertar delas para poder ajudá-lo. E acho que isso é verdade em qualquer tipo de orientação psicológica, quer o terapeuta saiba disso ou não.

Quando cheguei a uma decisão final e me convenci de que todos os seres diabólicos não passavam de fantasias de um subconsciente perturbado, pude transmitir-lhe imediatamente minha convicção. Como só existe uma mente no Universo, ele foi curado instantaneamente.

Telepsiquismo

O telepsiquismo ajudou uma jovem a encontrar um tesouro escondido

Uma jovem secretária que costuma assistir às minhas conferências no Wilshire Ebell Theatre todo domingo de manhã me contou que passou uma semana sonhando toda noite que estava cavando no quintal de casa. Acrescentou que sempre acordava muito satisfeita e queria saber o que eu pensava do sonho.

Expliquei-lhe que todos os sonhos são extremamente pessoais e que um dos significados prováveis é que ela devia encontrar em si mesma algum tesouro escondido, tal como um talento inexplorado. Se essa minha interpretação não lhe parecesse razoável, deveria então pedir ao pai ou ao irmão para cavar no quintal e ver o que encontrava. A moça resolveu aceitar essa última sugestão e pediu ao pai para cavar no local que sonhara. Ele concordou, com certa relutância, e encontrou com grande surpresa uma velha jarra cheia de moedas antigas, muito valiosas.

O dinheiro obtido com a venda das moedas foi suficiente para custear os estudos universitários da moça, para comprar um Rolls--Royce, que ela sempre havia desejado, e ainda para melhorar a situação financeira de toda a família. Essa jovem, que estava rezando havia algum tempo para poder entrar na universidade e para poder ajudar financeiramente a família, obteve a resposta em um sonho.

O telepsiquismo ajudou uma mulher a vencer a frustração

Uma viúva com dois filhos estava rezando para encontrar um marido que combinasse com ela e que fosse um bom pai para seus filhos. Sonhava frequentemente e, em quase todo sonho, ela perdia

Como o telepsiquismo põe em funcionamento as leis da mente

o ônibus e chegava atrasada ao trabalho, embora na vida real fosse muito pontual. Perguntei-lhe se havia alguém no escritório que considerasse um bom partido. Ela respondeu que o vice-presidente a havia convidado várias vezes para sair, mas que sempre recusava porque achava que não ficaria bem diante dos colegas.

Expliquei-lhe que suas preces haviam sido atendidas, que estava deixando passar uma magnífica oportunidade e que o subconsciente estava tentando avisá-la por meio dos sonhos. Além do mais, o ônibus é um dos símbolos do sexo, parte de qualquer casamento. No dia seguinte, ela foi trabalhar com outra disposição e disse ao vice-presidente que teria muito prazer em aceitar seu convite. Algumas semanas depois, eles se casaram.

Na verdade, a viúva estava recusando a resposta a suas preces, e o subconsciente não teve remédio senão alertá-la através de um sonho.

> Eu, o Senhor (subconsciente), em visão a ele me farei conhecer, ou em sonhos falarei com ele. (NÚMEROS, 12:6)

Deixe a lei da atração trabalhar para você

Nossos pensamentos têm suas afinidades. Como disse Marco Aurélio, o grande imperador e filósofo romano: "Nossa vida é o que nossos pensamentos fazem dela." Nossos pensamentos dominantes controlam todas as nossas ideias e lhes dão um colorido próprio, da mesma forma que uma pequena quantidade de tinta é capaz de colorir uma grande quantidade de água.

William James, o pai da psicologia americana, afirmou: "A maior descoberta da minha geração é a de que os seres humanos podem alterar suas vidas, modificando suas atitudes mentais."

Telepsiquismo

Conversando com uma linda jovem, culta, talentosa, viva e encantadora, descobri que ela estava destruindo sua própria vida com pensamentos destrutivos. Depois de falar mal do pai, já falecido, se referiu à mãe com extremo rancor. Ela havia perdido três empregos em menos de um ano, em consequência, como ela mesma reconhecia, de seu temperamento sarcástico. Envenenava-se emocionalmente, e o veneno mental começava a perturbar-lhe a saúde, já que sofria de úlcera e precisava fazer uma histerectomia.

Expliquei a essa jovem que o mundo estava à sua espera e que tudo o que tinha a fazer era pensar de maneira positiva.

Concordou em mudar de atitude. Sempre que um pensamento negativo lhe ocorria, ela o substituía por pensamentos de amor e boa vontade. Compreendeu que, se lutasse conscientemente contra os pensamentos negativos, poderia se livrar do veneno que estava estragando sua vida.

Uma afirmação positiva

Aconselhei-a a repetir com frequência as seguintes frases, sabendo que, se afirmasse com convicção essas verdades, elas acabariam por se infiltrar no subconsciente. Como o subconsciente é compulsivo, haveria de levá-la para os caminhos da felicidade e da paz de espírito. Eis a oração que lhe recomendei:

> As dádivas divinas são minhas agora. Vivo na Presença de Deus, de quem emanam todas as bênçãos. Uso cada momento do dia para glorificar a Ele. A harmonia, a paz e a abundância Dele são minhas agora. O amor de Deus que de mim emana abençoa todos que me cercam.

Não temo o mal, porque Deus está comigo. Estou sempre envolvida pelo círculo mágico do amor e do poder de Deus. Afirmo, sinto, sei e acredito de forma definida e positiva que o amor de Deus está comigo e com todos os membros de minha família para nos proteger, orientar e guiar.

Perdoo a todos e irradio sinceramente o amor, a paz e a boa vontade de Deus para todos os que me cercam. No centro de meu ser está a paz Dele. Posso sentir a força, a sabedoria e o amor de Sua Sagrada Presença. Sou guiada por Ele em cada passo que dou. Sou um canal aberto para o amor, a luz, a verdade e a beleza de Deus. Sei que todos os meus problemas são reduzidos a pó na mente Dele. O caminho de Deus é o meu caminho. As palavras que pronunciei se transformam em realidade. Agradeço a prece atendida.

Amém.

A materialização telepsíquica é um fenômeno real

Quando estou falando sobre o telepsiquismo, que trata dos poderes maravilhosos do subconsciente, muitas pessoas me perguntam o que penso a respeito das materializações que ocorrem nas sessões espíritas. Em primeiro lugar, acredito que o chamado "guia" de um médium é simplesmente uma ideia dominante de seu subconsciente. Precisamos aceitar o fato de que os fenômenos psíquicos existem. Nosso subconsciente possui poderes de clarividência, clariaudiência e telecinesia, e esses poderes estão presentes em todos os seres humanos.

Há alguns anos, a Dra. Evly Fleet, de Caxton Hall, Londres, e um coronel reformado seu amigo me levaram a uma sessão espírita em

Telepsiquismo

Londres, na qual testemunhamos oito materializações. O amigo da doutora havia sido médico no Exército e teve inteira liberdade para examinar os espíritos materializados, tomando-lhes a pressão sanguínea, examinando-lhes os dentes e colhendo amostras de seus cabelos.

Cada espírito materializado pesava a mesma coisa que qualquer um de nós. Conversamos com eles, e mais tarde a Dra. Fleet me disse que achava que a mulher com quem havia falado podia ser sua mãe, mas não tinha certeza. As respostas que recebemos foram bastante inteligentes, e um deles se parecia com a irmã do coronel, falecida havia vários anos.

Tudo ocorreu com as luzes acesas. O médium estava em estado de transe. Todos os homens usavam terno e as mulheres estavam de vestido. Não havia nenhum truque; essas materializações não eram ilusões. Ninguém pode tomar o pulso de uma ilusão, pesá-la ou retirar uma amostra de seu cabelo. Uma ilusão é alguma coisa que nos engana produzindo uma falsa impressão. Todas as materializações eram aparentemente reais, mas não acredito que uma das mulheres fosse a mãe da Dra. Fleet ou que a outra fosse a irmã do coronel.

Todas elas eram reais como fenômenos ou manifestações ou projeções da substância ectoplásmica do médium, que é capaz de receber mensagens do subconsciente das pessoas presentes e fabricar "cópias", por assim dizer, dos parentes falecidos dessas pessoas. Acredito que todas as materializações são criações do subconsciente do médium.

A Dra. Fleet mandou analisar os fios de cabelo da mulher que acreditava ser sua mãe, e o laboratório respondeu que não podiam ser analisados: eram de "origem desconhecida". Dias depois, o laboratório comunicou que os cabelos haviam se dissolvido sem deixar nenhum vestígio.

Como o telepsiquismo põe em funcionamento as leis da mente

A Dra. Fleet concordou comigo que seria muita ingenuidade acreditar que podemos entrar em uma sessão espírita, chamar amigos que estão na quarta dimensão e fazer com que apareçam poucos minutos depois. Nossos amigos falecidos estão vivendo em corpos quadridimensionais, nas muitas mansões da casa do Pai. Eles estão muito à nossa frente, caminhando em direção a Deus, na jornada que não tem fim.

Não se esqueça...

1. É tolice pensar que não devemos rezar por uma pessoa que é alcoólica, tem câncer ou outra doença. Quando alguém sofre um acidente, você não se apressa em chamar uma ambulância e acorrer em seu auxílio? Rezar por uma pessoa não é tentar coagi-la. Rezar é afirmar que a verdade para Deus é a verdade para qualquer pessoa. A natureza divina está em todos os seres humanos, e Deus quer que essa verdade seja expressa por todos os homens e mulheres.

2. Quando você rezar por uma pessoa doente, nunca se concentre nos sintomas, dores ou males. Afirme com convicção que o poder infinito do Eu Superior está fluindo pela pessoa amada, tornando-a íntegra e saudável.

3. Os demônios que atormentam o indivíduo e são a causa de suas obsessões múltiplas são o ódio, o ciúme, a inveja, a malícia, a culpa e a autocondenação. Quando esses "criminosos" mentais assumem o controle de nossa mente, perdemos toda a capacidade de raciocinar e nos tornamos vítimas de nossos próprios pensamentos negativos e destrutivos. Quando alguém ouve uma voz que lhe diz para praticar um ato condenável, é seu próprio subconsciente que está falando. Em

Telepsiquismo

outras palavras, a pessoa está falando consigo mesma. Pouco a pouco, um homem começou a compreender que era seu próprio subconsciente que respondia à sua forma destrutiva de viver. Quando consegui limpar minha mente de todas as superstições, convencendo-me de que só há Um Espírito e Um Poder, e afirmei que esse homem sabia o que eu sabia, ele ficou instantaneamente curado.

4. Muitas vezes nossos sonhos revelam as respostas para os problemas mais difíceis. Uma jovem sonhou que estava cavando no quintal. Ela vinha rezando para poder custear seus estudos. Por minha sugestão, pediu ao pai para cavar no quintal, onde encontrou uma jarra cheia de moedas valiosas.

5. Uma viúva que queria se casar novamente sonhou várias vezes que perdia o ônibus e chegava atrasada ao trabalho; na vida real, entretanto, sempre chegava na hora. Percebeu que estava deixando passar uma excelente oportunidade, recusando os convites de um colega de trabalho. Decidiu aceitar o convite e os dois se casaram, o que foi a resposta perfeita para suas preces.

6. Marco Aurélio afirmou: "Nossa vida é o que nossos pensamentos fazem dela." Emerson disse: "O homem é o que ele pensa o dia inteiro." Nosso pensamento dominante governa e dá cor a todas as nossas ideias. Uma jovem estava destruindo a própria vida com pensamentos de ódio e vingança contra os pais e outras pessoas. Em consequência, sua saúde foi prejudicada e, então, passou a sofrer de úlcera. Finalmente, ela resolveu mudar de atitude e rejeitar os pensamentos negativos, substituindo-os pelos de amor e boa vontade. Quando fez disso um hábito, sua vida mudou inteiramente.

Como o telepsiquismo põe em funcionamento as leis da mente

7. Muitas pessoas me perguntam o que penso a respeito das materializações que ocorrem durante as sessões espíritas. Acredito que os fenômenos são reais, mas não são interpretados corretamente. Nossos amigos falecidos estão vivendo em corpos quadridimensionais, nas muitas mansões da casa do Pai. Estão muito à nossa frente, caminhando em direção a Deus, na jornada que não tem fim. O médium, em estado de transe, é capaz de receber imagens do subconsciente das pessoas presentes e produzir projeções ectoplásmicas que se comportam como pessoas vivas.

Como o telepsiquismo pode aguçar os poderes de nossa mente

NOSSO SUBCONSCIENTE, QUE é o construtor e reparador de nosso corpo, controlando as chamadas funções involuntárias, controla a respiração, a digestão, a assimilação, a circulação, a eliminação e todas as outras atividades automáticas. O subconsciente também é um químico maravilhoso, transformando o alimento que ingerimos em tecido, músculo, osso, sangue e cabelo, e construindo constantemente novas estruturas celulares.

Nosso subconsciente é também responsável pela memória. Tudo que o consciente acredita com convicção e aceita como verdadeiro, o subconsciente se encarrega de tornar realidade. Como o subconsciente é suscetível a sugestões, é também a sede dos hábitos.

Nas experiências de hipnotismo, o subconsciente aceita todas as sugestões do hipnotizador e raciocina de forma apenas dedutiva. Suas deduções são sempre consequências lógicas das premissas; assim, só devemos fornecer sugestões construtivas ao nosso subconsciente.

A linguagem de nosso subconsciente é simbólica. Assim, por exemplo, os sonhos são muitas vezes dramatizações de desejos reprimidos. O subconsciente é um excelente imitador; procura reproduzir tudo que desperta nosso interesse. Como sede de todas

Como o telepsiquismo pode aguçar os poderes de nossa mente

as experiências psíquicas, sua percepção é intuitiva, independentemente das leis do tempo e do espaço. Nunca se esqueça de que o subconsciente é também o superconsciente, ou presença de Deus, ou Inteligência Suprema. Em outras palavras, o EU SOU, ou o Espírito Vivo Todo-Poderoso, habita em cada um de nós. É no nosso subconsciente que estão a Sabedoria Infinita, o Amor Infinito e todas as qualidades e atributos do Ser Infinito que chamamos de Deus.

Nosso consciente, que toma conhecimento do mundo que nos cerca através dos cinco sentidos, raciocina por indução, dedução, análise e analogia. Escolhemos, planejamos e decidimos com o consciente, a sede da vontade. Nossa vontade é feita de desejo, decisão e determinação.

Concentramos nossa atenção consciente em um certo assunto e, em consequência, imprimimos alguma coisa no subconsciente. Como temos a capacidade de imaginar e criar imagens mentais no consciente, podemos influenciar positivamente o subconsciente, procurando visualizar claramente o que desejamos ser, ter e fazer. Nosso consciente pode ser o segredo para uma vida melhor e mais próspera por meio de seu poder de controlar nossos pensamentos e a nossa imaginação. Devemos saturar o subconsciente com a ideia de abundância e sucesso.

As emergências estimulam os poderes mentais

Nosso consciente se torna altamente receptivo às sugestões do subconsciente durante as emergências e, em certos casos, a sabedoria e a inteligência do subconsciente assumem completo controle. Nos fenômenos psíquicos, o consciente desempenha o papel de receptor. Podemos iluminar e inspirar o nosso consciente, recorrendo à sabedoria e inteligência do subconsciente, que tudo sabe e tudo vê.

Telepsiquismo

Telepsiquismo e o estado de transe

Visitei por várias vezes a saudosa Geraldine Cummins, em suas casas em Londres, Inglaterra, e Cork, Irlanda. (Ela é autora de *Unseen Adventures, The Scripts of Cleophas* e muitos outros livros.) Geraldine foi examinada por alguns dos maiores cientistas da Inglaterra, e todos foram unânimes em reconhecer seus notáveis poderes psíquicos.

Tive a oportunidade de assistir a várias demonstrações de Cummins. Nessas sessões, ela ficava muito quieta e mergulhava em um estado de transe. Seu consciente ficava parcialmente adormecido, e de repente afirmava que o espírito que recebia, chamado "Astor", havia assumido o controle. Então começava a escrever páginas e mais páginas de informações assombrosas.

Um dia ela afirmou que minha irmã, Mary Agnes, já falecida, estava querendo se comunicar comigo. Ao ler as páginas, descobri que muitos parágrafos estavam escritos em gaélico, alguns em francês e outros em latim... línguas que Geraldine não sabia falar. Além disso, no texto, minha irmã apresentava seis "provas" de que era ela mesma que estava escrevendo, todas espantosamente precisas. Depois de recordar nossa infância com muitos pormenores, ela fez várias profecias, todas confirmadas mais tarde.

Em minha opinião, Geraldine não passava de uma taquígrafa, escrevendo sobre assuntos que desconhecia totalmente. Quando acabava de escrever, não tinha a mínima ideia do que fizera. Nesse caso específico as provas parecem ser esmagadoras, e acredito que se tratava realmente de minha irmã, comunicando-se comigo de outra dimensão.

Poderes psíquicos normais

Existem muitos médiuns que são capazes de ler os pensamentos de outras pessoas enquanto se encontram em estado normal, isto é, perfeitamente conscientes. Todos nós possuímos essa capacidade, mas algumas pessoas a desenvolvem em maior grau.

Poderes psíquicos anormais

Geraldine Cummins me convidou para uma sessão espírita dirigida por uma amiga no sul da Irlanda. Essa médium entrou em transe e afirmou que estava sendo controlada por um sacerdote egípcio. Nesse estado, ela demonstrou poderes incríveis. Por exemplo: eu e mais cinco pessoas nos sentamos em uma mesa, e a médium levantou a mesa com facilidade, usando apenas o poder da mente.

Um professor que estava presente ficou convencido de que a mãe lhe havia falado. Reconheceu distintamente a voz e os maneirismos da mãe. Ela se dirigiu a ele por seu apelido e lhe falou em grego, sua língua nativa, um idioma que a médium em transe não conhecia.

Apareceram muitas formas materializadas, algumas das quais disseram palavras. Todas estavam vestidas e pareciam pessoas comuns. Uma mulher presente conversou com uma jovem materializada que dizia ser sua filha. Essas materializações duravam cinco ou seis minutos e depois desapareciam. A sessão foi realizada à tarde, em plena luz do dia. Essas formas eram provavelmente projeções ectoplásmicas da médium.

Telepsiquismo

Uma psicometrista

Recentemente, o Dr. David Howe me apresentou a uma psicometrista que tinha a estranha capacidade de observar o lado subjetivo das coisas. Encostando a mão em um anel pertencente a uma pessoa ou em uma carta que alguém havia escrito, ela era capaz de fornecer uma descrição completa da pessoa: suas características, tendências, tipo de trabalho, idade, educação e também seu futuro. Quando essa mulher toca um objeto pertencente a uma certa pessoa, ela sente uma vibração e entra na atmosfera mental da pessoa.

Minha explicação é a seguinte: como a mente subjetiva penetra em todas as coisas, o anel de uma pessoa fica impregnado de sua atmosfera mental, permitindo que um médium participe de todos os pensamentos, crenças e experiências desse indivíduo.

O telepsiquismo e as vozes interiores

No ano passado, quando pronunciei uma série de conferências a bordo de um navio, um dos oficiais da tripulação com quem eu havia jantado me contou que, de tempos em tempos, ao ocorrer alguma coisa errada com a embarcação, ouvia uma voz interior que lhe dizia exatamente onde estava o problema e quais as providências a tomar. Ele sabia que era dotado de um poder notável, que os outros membros da tripulação não possuíam, e que, em muitas ocasiões, havia ajudado a prevenir verdadeiros desastres.

Uma vez, o navio estava ao largo da costa da Itália, e uma voz interior lhe disse que um membro da tripulação (a voz lhe revelou o nome) estava se aproximando para matá-lo. Nessa ocasião, o oficial se encontrava em seu camarote. Trancou a porta e chamou o capitão pelo telefone, mandando prender o tripulante. Quando ele foi detido, constatou-se que havia sofrido um acesso de loucura.

Como o telepsiquismo pode aguçar os poderes de nossa mente

Mais tarde, foi recolhido a um asilo. A voz interior estava plenamente correta, pois, no momento da prisão, segurava uma pistola. Foi inquirido e confessou que estava disposto a matar o oficial.

A voz interior do homem era real, pois sempre havia pedido ao subconsciente para que o protegesse e orientasse.

Conversas com vozes em sessões espíritas

Em muitas sessões espíritas a que assisti em Londres, Joanesburgo, Cidade do Cabo e Nova York, quando o médium entrava em estado de transe, aparentemente vozes de espíritos desencarnados enchiam o ar. Tive longas conversas com algumas dessas vozes e recebi respostas extraordinariamente inteligentes. Já ouvi muitas pessoas que assistiram a essas sessões — médicos, cientistas, professores universitários — afirmarem sinceramente acreditar que estiveram conversando com antigos colegas ou parentes já falecidos. E se baseiam no fato de que essas vozes revelavam a mesma cultura, o mesmo tom de voz, as mesmas características, maneirismos, peculiaridades e idiossincrasias que a pessoa que haviam conhecido.

Pessoalmente, no que se refere à minha experiência com supostos conhecidos meus, nem sempre pude saber se era a mente subjetiva do médium que falava ou se realmente eu me comunicava com pessoas já falecidas.

De qualquer forma, a experiência é fascinante. Uma vez, penso que ouvi a voz de meu pai, que falou em quatro línguas — gaélico, inglês, francês e latim. Sua voz era natural, como se estivesse no aposento. Ele me falou: "Joe, saberá que sou eu pelo que vou dizer. Ensinei-lhe esta oração quando você tinha 5 anos de idade." Então, ele recitou o Pai-Nosso em gaélico, em francês e em latim. Em seguida, pediu que o apresentasse a todos os presentes. Recordou

Telepsiquismo

vários incidentes de minha infância que eu já havia esquecido, os quais foram posteriormente confirmados por minha irmã.

Poderíamos supor que o médium estava apenas lendo meu subconsciente, o que lhe possibilitaria imitar meu pai. Nesse caso, entretanto, a explicação não me parece satisfatória. É fácil hipnotizar alguém e convencê-lo de que ele é seu irmão, mas se ele não conhece seu irmão será incapaz de imitar-lhe a voz, reproduzir-lhe os gestos, maneirismos e personalidade.

Ela viu a mãe antes de morrer

Uma jovem professora que costuma frequentar minhas conferências me contou que um dia, no intervalo entre duas aulas, estava sozinha arrumando a sala quando a mãe apareceu à sua frente e disse "Adeus", desaparecendo logo em seguida.

Esse tipo de aparição é bastante comum. Certamente, a mãe, que morava em Nova York, estava pensando na filha na hora de morrer e projetou sua personalidade até a Califórnia. Mais tarde, a moça veio a saber que a mãe havia expirado no exato momento em que se deu a aparição.

O fantasma deu-lhe o recado e desapareceu

Geraldine Cummins me apresentou a um homem em sua casa de Londres, mencionando o fato de que ele achava que sua casa era mal-assombrada, pois frequentemente ouvia à noite o ruído de passos nas escadas. Uma vez, a empregada viu a aparição e ficou tão aterrorizada que foi embora no dia seguinte.

Expliquei-lhe que o "fantasma" podia ser a projeção mental de alguma pessoa que havia morado na casa, e que desejava inten-

238

Como o telepsiquismo pode aguçar os poderes de nossa mente

samente revelar a alguém as circunstâncias de sua morte. Nesses casos, a aparição se dissipa para sempre no instante em que a comunicação é completada. Aconselhei-o a ir ao encontro do "fantasma" e ouvi-lo com toda a atenção, e foi exatamente o que ele fez. Na próxima vez em que escutou o ruído de passos, saiu do quarto e disse para a aparição: "Diga-me o que tem a dizer." A aparição, então, lhe revelou com pormenores como havia sido morto pelo irmão. Em seguida, desapareceu.

Uma projeção mental não é a personalidade da pessoa; é apenas um veículo para transmitir uma mensagem, e pode durar centenas de anos até que a comunicação seja completada, isto é, até que alguém escute a mensagem.

A Bíblia diz:

> Assim será a minha palavra, que sair de minha boca; ela não voltará para mim vazia, antes fará o que me apraz, e prosperará naquilo para que a enviei. (ISAÍAS, 55:11)

No caso da aparição, a palavra era o pensamento e o intenso desejo de revelar a alguém um crime de morte, e a palavra (projeção mental) permaneceu rondando a casa até que esse indivíduo se revelou disposto a escutar. Mais tarde, ele veio a saber que um homem havia sido assassinado naquela casa e que nunca haviam descoberto o culpado.

Ela dizia: "Estão praticando magia contra mim"

A magia, a feitiçaria e o culto ao demônio são praticados desde tempos imemoriais. Na verdade, a feitiçaria está baseada em uma

Telepsiquismo

premissa extremamente tola: a de que podemos desejar o mal a outras pessoas sem causar mal a nós mesmos. Tudo que desejamos para as outras pessoas estamos, na verdade, desejando para nós.

A jovem secretária que usou a expressão *magia* me disse que uma das colegas de trabalho lhe revelara confidencialmente que várias moças estavam rezando para que ela morresse. A jovem estava muito assustada. Expliquei-lhe que uma prece desse tipo não tem valor algum, e que tudo que tinha a fazer era afirmar com convicção:

> Estou viva com a Vida de Deus. Deus é Vida, é a minha Vida. O Amor de Deus enche minha alma. Seu Amor me envolve e me protege, e tenho uma vida maravilhosa. O círculo mágico do Amor Divino me defende contra todos os perigos.

Expliquei-lhe que, se decorasse essa oração e afirmasse com frequência essas verdades, em pouco tempo não sentiria mais medo algum. Sempre que se sentisse apreensiva ou receosa, bastaria combater esses pensamentos com a frase: "Deus me ama e vela por mim."

Mostrei-lhe que o Espírito (Deus) é uno e indivisível, e que uma parte Dele não pode combater outra parte também Dele. Em outras palavras, o Espírito não pode lutar contra Si mesmo. Essa verdade é final, absoluta e eterna. Essa simples verdade universal acaba com todo o mistério da magia, da feitiçaria e do mau-olhado.

A moça compreendeu e seguiu fielmente minhas instruções. Então aconteceu algo estranho. As três moças que estavam rezando contra ela morreram em um desastre de automóvel, a caminho do trabalho. O mal que haviam tentado projetar contra a jovem se

Como o telepsiquismo pode aguçar os poderes de nossa mente

voltara contra elas, já que não tinha para onde ir. *O mal sempre se volta contra quem o pratica.*

Existem pessoas em muitas partes do mundo que tentam usar seus poderes mentais para fazer mal a outras pessoas, mas qualquer um que conheça as leis da mente não se deixará impressionar por essas práticas. Na realidade, as pessoas que praticam o vodu, o mau-olhado e a magia não possuem nenhum poder especial. Estão usando a sugestão, que é *um* poder, mas não *o* Poder. O Poder provém de Deus e é usado para trazer a harmonia, a beleza, o amor e a paz.

Qualquer que seja o nome que lhes seja atribuído, Satã, magia, feitiçaria ou mau-olhado, não passam de sugestões negativas. Recuse-se a aceitar as sugestões de seus inimigos. Aceite apenas o Poder Infinito do Criador. Acredite no salmo 91 com total convicção e leve uma vida tranquila e cheia de realizações.

Ela escrevia sem segurar na caneta

Recentemente, passei alguns dias na casa de um velho amigo, na Cidade do México. Lá conheci uma linda mulher que praticava a escrita automática. Segurava uma caneta e, de repente, a mão passava a ser controlada pelo subconsciente. A moça dizia que sua mão era controlada por um espírito desencarnado chamado Dr. Latella, que em vida havia sido um médico espanhol.

A jovem escreveu mensagens para todos os presentes (éramos oito) e admitimos que tudo que ela havia escrito era verdade. Revelou também muitos acontecimentos futuros com surpreendente exatidão, mas a parte mais impressionante de sua demonstração foi quando ela colocou o papel e a caneta no chão, e esta começou a escrever sozinha.

Telepsiquismo

Essas mensagens se referiam a acontecimentos passados e futuros da vida das pessoas presentes. Uma das mensagens dizia que um homem da Pensilvânia seria nomeado para um cargo diplomático no dia seguinte, o que realmente aconteceu. Talvez a pena tenha sido controlada pela força subconsciente das pessoas presentes ou por um espírito desencarnado. É bom lembrar, entretanto, que os corpos astrais das pessoas vivas ou mortas são muito mais rarefeitos e atenuados do que os corpos físicos.

Os fenômenos psíquicos são causados por poderes subjetivos e independem de instrumentos materiais. As pessoas mortas também possuem mentes subjetivas e corpos palpáveis, embora mais atenuados do que os corpos físicos.

Nas sessões espíritas, muitas vezes sob a supervisão de cientistas, objetos têm sido manipulados a distância com grande destreza. Assim, por exemplo, em uma sessão em Londres, tive a chance de ver uma mulher lavar vários pratos sem encostar neles. Esse fenômeno é chamado pelos cientistas de telecinesia, ou seja, a capacidade de mover objetos sem nenhum contato físico.

Quem abriu a garrafa de vinho?

Há alguns anos, durante uma visita à Dra. Evelyn Fleet em Londres, ela me apresentou a um médium. A Dra. Fleet me disse que o médium era capaz de servir vinho sem tocar na garrafa ou nos copos. Diante de nossos olhos, sem ninguém encostar em nada, a rolha saiu da garrafa de vinho, ergueu-se no ar e encheu um copo até a borda. Apanhei o copo e provei o vinho; posso garantir que era um copo *comum* com vinho *de verdade*.

Como a Dra. Fleet explicou, o feito era realizado pela mente subjetiva do médium. Aparentemente, o homem já havia realizado várias vezes essa demonstração para ela.

242

Como o telepsiquismo pode aguçar os poderes de nossa mente

Todos nós dispomos de poderes maravilhosos, muitos dos quais nem suspeitamos. Alguns dizem que os fenômenos psíquicos são causados por seres quadridimensionais, outros afirmam que se trata do nosso subconsciente em ação. De uma forma ou de outra, todos esses fenômenos são causados pelo poder da mente.

Nosso subconsciente é capaz de ver, ouvir, sentir, cheirar, viajar, tocar e provar a distância. Qualquer pessoa pode se projetar a milhares de quilômetros, observar o que está acontecendo e também permitir que a vejam. As viagens astrais ou quadridimensionais são relativamente comuns. Negar que fenômenos como esses existem e são experimentados por milhares de pessoas no mundo inteiro seria uma perfeita tolice.

Por que muitas profecias se tornam realidade

Quando você planta uma semente de carvalho, todas as instruções para "fabricar" uma árvore já estão contidas na semente. Se não fosse assim, de onde sairia o carvalho?

Quando um médium lê nossa mente, nossos pensamentos são como sementes; como para a mente não existem tempo nem espaço, os pensamentos e suas manifestações formam um todo. Em outras palavras, um bom médium é capaz de receber a manifestação final de nossas ideias antes que sejam concretizadas.

O médium recebe nossas tendências, crenças, planos e objetivos e, a partir dessas premissas, é capaz de chegar à única conclusão correta. O subconsciente de um médium, como o de qualquer pessoa, raciocina apenas por dedução. Assim, se não quiser que as previsões de um médium se concretizem, basta que você mude sua maneira de pensar (suas premissas). Afinal, a vida é nossa e podemos escolher o rumo que desejarmos.

Telepsiquismo

Você também pode usar os fenômenos psíquicos

O Dr. Phineas Parkhurst Quimby, que viveu no Maine em meados do século XIX, conseguia projetar sua identidade e visitar pessoas a centenas de quilômetros de distância de sua casa. Permanecia consciente o tempo todo; nunca precisou entrar em transe para ler os pensamentos dos amigos ou visitá-los a distância. Era capaz de diagnosticar e curar as pessoas sem que estivesse presente em seu corpo físico. Dr. Quimby adquiriu esses poderes maravilhosos desfazendo-se de todas as crenças falsas e superstições, e enchendo a mente com as verdades de Deus. Sabia que o indivíduo não depende de seu corpo físico e pode funcionar perfeitamente com o corpo astral ou sutil. Enquanto conversava com um paciente, ele era capaz de atender a outro doente a centenas de quilômetros, sem ao menos fechar os olhos.

Todos nós possuímos um outro corpo, que funciona independentemente de nosso corpo atual. Por meio desse corpo, nossa mente é capaz de mover a matéria a distância. A verdade é que os fenômenos psíquicos existem, e, quer sejam produto do nosso subconsciente ou do subconsciente de um parente que vive em outra dimensão, o importante é que existe apenas uma mente, comum a todos os homens.

Não se esqueça...

1. Nosso subconsciente, o construtor e reparador de nosso corpo, controla todas as funções vitais. É a sede da memória e do hábito. Raciocina apenas por dedução. Portanto, alimente o subconsciente com sugestões construtivas, e ele responderá no mesmo tom. O subconsciente, que é capaz de enxergar sem olhos e de escutar sem ouvidos, contém a Sabedoria

Como o telepsiquismo pode aguçar os poderes de nossa mente

Sem Limites e a Inteligência Infinita. Em outras palavras, é em nosso subconsciente que estão todas as qualidades e os poderes de Deus.

2. Nosso consciente é a parte voluntária da mente. O consciente escolhe, pesa, investiga e raciocina por indução, dedução, análise e analogia. O consciente controla o subconsciente; tudo que o consciente acredita e aceita como verdadeiro também se encarrega de transformar em realidade.

3. Geraldine Cummins, uma velha amiga minha, praticava a escrita automática. Quando entrava em estado de transe, sua mão era controlada por um espírito chamado "Astor", que a fazia escrever em línguas estrangeiras que ela não conhecia. Também era capaz de revelar o passado das pessoas e fazer previsões. Em alguns casos, acredito que realmente estava recebendo mensagens de pessoas de outra dimensão.

4. Existem muitos médiuns capazes de ler os pensamentos de outras pessoas enquanto se encontram em estado normal, isto é, perfeitamente conscientes.

5. Um certo médium, em estado de transe, era capaz de levantar uma mesa com cinco pessoas sentadas nela. Eu mesmo testemunhei essa demonstração. Um médium irlandês, em estado de transe, disse a um professor que estava presente que a mãe queria falar com ele, e a mulher se dirigiu ao filho em grego, conversando com ele durante mais de 15 minutos. O professor ficou convencido de que se tratava realmente de sua mãe. Nessa mesma sessão apareceram muitas formas materializadas, algumas das quais duraram cinco ou seis minutos.

Telepsiquismo

6. Os psicometristas podem tomar um anel, uma carta ou um pedaço de roupa e descrever seu dono, suas características, tendências, tipo de trabalho, idade, educação e até seu futuro. A explicação é que a personalidade de uma pessoa impregna os objetos que a cercam, permitindo que o médium participe de todos os pensamentos desse indivíduo.

7. Muitas pessoas ouvem uma voz interior que as alerta para o perigo e lhes diz o que devem fazer para se proteger. Às vezes, esses avisos assumem a forma de sonhos ou visões noturnas. Um oficial da Marinha costumava pedir ao subconsciente para que o protegesse e orientasse. Em certa ocasião, uma voz interior impediu que fosse assassinado por um tripulante do navio que havia enlouquecido.

8. Em algumas sessões espíritas, quando o médium entra em transe, vozes de espíritos desencarnados aparentemente enchem o ar. Já conversei com algumas dessas vozes, recebendo respostas extraordinariamente inteligentes. Acredito que algumas provêm do subconsciente do médium, enquanto outras são manifestações reais de pessoas falecidas que vivem na quarta dimensão.

9. A aparição de um parente muito próximo no instante da morte ou pouco depois é bastante comum. É causada pelo intenso desejo da pessoa de se comunicar conosco. O que vemos é uma projeção do corpo quadridimensional da pessoa.

10. Uma aparição desconhecida pode muito bem ser a projeção mental de uma pessoa que morreu com o desejo intenso de se comunicar com alguém. Nesses casos, a aparição se dissipa para sempre quando a comunicação é completada.

Como o telepsiquismo pode aguçar os poderes de nossa mente

11. A magia, a feitiçaria e o mau-olhado pertencem à mesma categoria; pensamentos negativos e destrutivos de pessoas que ignoram as leis da mente. A prática da magia revela uma ignorância crassa. A sugestão é *um* poder, mas não *o* Poder. *O* Poder é a Suprema Inteligência ou Espírito Vivo, que só fomenta a harmonia, a beleza, o amor e a paz. Não é difícil rejeitar as sugestões negativas de outras pessoas. Essas sugestões não têm poder algum sobre você, a não ser que você lhes dê poder. Mesmo que alguém lhe diga que "você vai fracassar", se você sabe que nasceu para vencer e que a Inteligência Infinita existente no seu interior é infalível, essa sugestão negativa não o atingirá. Uma jovem secretária soube que algumas colegas estavam-lhe desejando mal. Ela afirmou com convicção que o Amor de Deus a protegeria contra todos os perigos e saturou a mente e o coração com essa verdade. Com isso, não deu poder às outras, mas se manteve unida ao Poder Infinito, que é puro Amor. As moças que estavam rezando contra ela morreram em um desastre de automóvel. Pode-se dizer que foi um suicídio. Procure desejar para os outros apenas o bem. O que você deseja para os outros deseja também para si mesmo.

12. Os escritores automáticos entram em transe e criam mensagens muito interessantes, que às vezes revelam a solução para difíceis problemas. O médium segura uma caneta na mão, e de repente seu subconsciente assume o controle e começa a escrever sem a participação consciente do médium. Alguns desses indivíduos conseguem escrever sem tocar no lápis ou caneta. Assisti a várias demonstrações desse tipo. Na maioria das vezes, o médium afirma que as mensagens

Telepsiquismo

provêm de espíritos desencarnados, amigos ou parentes falecidos. Em muitos casos, acredito que seja verdade. Nunca ficaremos sem um corpo; quando ouvir falar de espíritos desencarnados, saiba que se trata apenas de pessoas que possuem um corpo quadridimensional, e não tridimensional, como o nosso. Assim, nada impede que nossos amigos que vivem em outra dimensão venham falar conosco. Muitas vezes eles se comunicam pelos nossos sonhos.

13. Um bom médium é capaz de abrir uma garrafa e servir vinho sem tocar na garrafa ou nos copos. Esse é um dos poderes do subconsciente. Na verdade, nosso corpo físico não possui nenhum poder. Não tem inteligência, vontade ou iniciativa... caracteriza-se pela inércia. Todos os poderes estão em nossa mente.

14. Quando um bom médium lê nossos pensamentos, é capaz de absorver todas as nossas ideias e também a sua manifestação, da mesma forma que toda planta já está contida na semente. Nossa mente independe do tempo e do espaço, e o subconsciente raciocina apenas por dedução. Nossos pensamentos são entidades concretas, e, a menos que mudemos a maneira de pensar, as previsões do médium serão extremamente precisas.

15. Em 1847, o Dr. Phineas Parkhurst Quimby era capaz de condensar sua identidade e visitar pessoas a centenas de milhares de quilômetros de distância de sua casa. Ele sabia projetar seu corpo sutil ou quadridimensional para qualquer ponto do espaço. O Dr. Quimby também era capaz de ler os pensamentos das pessoas, descobrir a causa de seus males

Como o telepsiquismo pode aguçar os poderes de nossa mente

e curá-las. Também era clarividente. Nunca precisou entrar em transe; pelo contrário, permanecia perfeitamente consciente enquanto executava todas essas proezas. Enquanto conversava com um paciente, o Dr. Quimby era capaz de atender a outro paciente a centenas de quilômetros de distância sem ao menos fechar os olhos.

Uma palavra final...

DIRIJA-SE À PRESENÇA e ao Poder Infinito que existe em você e afirme, sinta e saiba que todos os seus atos são inspirados pelo Todo-Poderoso; que o Espírito Vivo navega nas águas de sua mente e que Deus pensa, fala, age e escreve por intermédio de você. Afirme que suas palavras são como maçãs douradas em bandejas de prata e que são doçura para a alma e saúde para os ossos. Reconheça que Deus ama você e vela por você, e que Seu Rio de Paz enche sua mente e seu coração. Sinta que está imerso na Sagrada Onipresença, inundado pela radiância da Luz Infinita, e que você agora está tocando "Aquele que é para sempre" e experimentando o momento que nunca termina.

Este livro foi composto na tipografia Palatino LT Std,
em corpo 11/16,5, e impresso em
papel off-white no Sistema Cameron da
Divisão Gráfica da Distribuidora Record.